PARALYMPISCHES
FEUER IM SCHNEE

KLAUS FELDKIRCHER / NICOLE SCHEDLER

PARALYMPISCHES FEUER IM SCHNEE

DER WEG DES

ELF PORTRAITS

TYROLIA-VERLAG · INNSBRUCK-WIEN

Mit freundlicher Unterstützung von:

Österreichisches
Paralympisches
Committee

Bibliografische Information der Deutschen Nationalbibliothek
Die Deutsche Nationalbibliothek verzeichnet diese Publikation in der Deutschen
Nationalbibliografie; detaillierte bibliografische Daten sind im Internet über
http://dnb.d-nb.de abrufbar.

Herausgeber: Sportförderverein für Behindertenschilauf
Gesamtkonzeption: Klaus Feldkircher, Nicole Schedler, althaus7
Text: Klaus Feldkircher, Nicole Schedler; außer Text Haslacher: Michael Dünser, Klaus Feldkircher
Konzeption Grafik: Manuel Berninger, Somnium Est., Schaan
Portrait- und Motivfotos: Marcel Hagen, studio 22, Lustenau; Makeup-Artist: Leejulie Rusch;
Titelbild: APA - Austria Presse Agentur; alle anderen: AustriaSkiTeam Behindertensport
Druck und Bindung: Gorenjski tisk, Kranj (SLO)

Aus Gründen der Lesbarkeit wird nur die männliche Form verwendet.
Selbstverständlich sind Frauen und Männer gleichermaßen angesprochen.

ISBN 978-3-7022-3318-1
www.tyrolia-verlag.at

FÜR BERNIE

INHALTSVERZEICHNIS

WIR – DER WEG ZUM ERFOLG!

Der Weg des Behindertenschilaufs zur allgemeinen Anerkennung – sei es auf nationaler oder internationaler Ebene – war ein entbehrungsreicher, ein steiniger Weg. Und er war gepflastert mit vielen Vorurteilen, die vor allem von jenen kamen, die nicht wussten, welch harte Arbeit, welche außerordentliche Leistungsbereitschaft hinter den sportlichen Erfolgen steckt. Erst nach und nach, als die Medien immer öfter und in größerem Umfang Notiz von den Behindertensportlern nahmen, wurde der Öffentlichkeit bewusst, dass sich die sportlichen Leistungen „auf Augenhöhe und darüber hinaus" mit jenen des herkömmlichen Sportgeschehens bewegen. Es waren vor allem die Behindertensportler selbst, die mit rührigen Funktionären diese Bewegung vorantrieben, die immer wieder darauf verwiesen, wie wichtig die sportliche Betätigung für das Leben in der Gesellschaft ist. Der Österreichische Skiverband kann für sich in Anspruch nehmen, dabei einen erklecklichen Anteil geleistet zu haben. Der ÖSV ist stolz auf die Leistungen, die unsere Sportler bei den diversen Konkurrenzen – von örtlichen Veranstaltungen bis hin zu Paralympischen Spielen – erbracht haben und immer wieder erbringen.

Es ist sehr erfreulich, dass im Hinblick auf die Paralympischen Spiele 2014 in Sotschi die Aktivitäten eine weitere Steigerung erfahren haben, um der breiten Öffentlichkeit einen noch umfangreicheren Zugang zum Behindertensport zu ermöglichen. Auffallend und besonders positiv dabei ist, dass bei den zahlreichen Bemühungen der Wir-Gedanke im Vordergrund steht. Er ist Garant für den Erfolg – nicht nur im Sport, sondern auch im Leben.

Prof. Peter Schröcksnadel
ÖSV-Präsident

BEHINDERTENSPORT – EINE ERFOLGSGESCHICHTE

In meiner Funktion als Präsidentin des Österreichischen Behindertensportverbandes (ÖBSV) bin ich überaus stolz, Ihnen dieses Buch einleitend präsentieren zu dürfen. Sport ist ein hervorragendes und effizientes Instrument bei der Bewältigung von Stress und gesundheitlichen Problemen sowie zur Vorbeugung von Krankheiten. Wettkampfsport lehrt uns dabei, dass bei entsprechendem Einsatz aller Beteiligten vieles möglich wird, unabhängig davon, ob die Sporttreibenden gehandicapt sind oder nicht.

Der Schisport im Österreichischen Behindertensportverband weist eine jahrzehntelange Erfolgsgeschichte auf, die aufgrund des Einsatzes aller gebündelten Kräfte möglich wurde. Dabei hat der Behindertensport im Allgemeinen in den letzten Jahren weltweit sehr stark an Bedeutung gewonnen, dies nicht nur aus sportlicher und gesellschaftlicher Sicht, sondern auch im Sinne der medialen Präsenz. Das vorliegende Buch bietet einen eindrucksvollen und großartigen Einblick hinter die Kulissen des Behindertenschisports. Es erzählt die Geschichte von der ersten Stunde an, die ersten Gehversuche nach dem Krieg, wo es hauptsächlich Kriegsinvalide waren, die den Sport für sich entdeckten, nicht zuletzt um ihren Schicksalsschlägen etwas Positives entgegenzusetzen. Der Schilauf war der Urknall im ÖBSV, dessen Expansion bis zur heutigen Generation anhält und an Dynamik laufend dazugewinnt.

Die Menschen in diesem Buch berichten von ihren sehr persönlichen Werdegängen, vom Kampf um Anerkennung ihrer Fähigkeiten und Potenziale, den Blickwinkel nicht nur auf ihre Einschränkungen richtend. Zu Wort kommen neben den Sportlern und Betreuern auch die Trainer und Funktionäre. So geht mein tiefster Dank an alle diese Beteiligten für die vielen aufopfernden Stunden im Training, für Organisation und Talentförderung und nicht zuletzt auch für das Mut machen und fallweise ebenso notwendige Tränen trocknen. In diesem Sinne beglückwünsche ich das gesamte Team, das so eindrucksvolle und nachhaltige Erfolge in die Annalen der Sportgeschichte geschrieben hat.

Die nächste Herausforderung steht unmittelbar bevor, die Winter-Paralympics Sotschi 2014. Die 2013 in La Molina abgehaltene WM, bei der Österreich mit zwölf Medaillen punkten konnte, lässt dabei große Hoffnungen und Zuversicht aufkommen. In Kooperation mit ÖSV und Sponsoren aus Wirtschaft und Politik bietet der ÖBSV die idealen Rahmenbedingungen für die in vielerlei Hinsicht aufwendigen Vorbereitungen, vor allem hinsichtlich der Trainingsaktivitäten, welche auch im vorliegenden Buch ausführlich und eindrucksvoll beschrieben werden. Nach dem Motto „Nicht die Behinderung, sondern vielmehr der Sport steht im Mittelpunkt" wünsche ich allen Leserinnen und Lesern eine spannende Lektüre und dem Behindertenschisport weiterhin viele Erfolge.

KR Brigitte Jank
Präsidentin des Österreichischen Behindertensportverbandes

PARALYMPISCHER SPORT IST SPITZENSPORT

Das Österreichische Paralympische Committee wurde am 25. Februar 1998 in Wien gegründet und darf nunmehr auf 15 Jahre erfolgreiche Arbeit im Dienste des Spitzensports zurückblicken. Ziel bei der Gründung war es, den Leistungssport seh- und körperbehinderter Menschen zu fördern und qualifizierten Sportlern die Teilnahme an Paralympics zu ermöglichen. In den vergangenen 15 Jahren haben sich diese Aufgaben sehr ausgeweitet.

Heute ist das ÖPC nicht nur dafür zuständig, die finanziellen Mittel für die Entsendung der Athleten aufzubringen und die Teilnahme an Spielen vorzubereiten und zu koordinieren, sondern vor allem auch das Interesse der Öffentlichkeit an Paralympischen Spielen zu wecken. Das ist uns in den vergangenen Jahren in zunehmendem Maße gelungen. Das Interesse an unseren Paralympischen Athleten ist in der Öffentlichkeit enorm gestiegen. Die Medien haben den Stellenwert erkannt und berichten regelmäßig und in großem Umfang über die Erfolge unserer Sportler bei Paralympischen Spielen, die zuletzt mit 11 Medaillen bei den Winterspielen 2010 in Vancouver und 13 Medaillen bei den Sommerspielen 2012 in London große Aufmerksamkeit erreicht haben. Dafür sind wir sehr dankbar, denn alle unsere Sportler sind Helden und können anderen Menschen Vorbild sein und Mut machen.

Seit seiner Gründung unterstütze ich das Österreichische Paralympische Committee mit großer Begeisterung in seiner Arbeit und seit vier Jahren darf ich als Präsidentin den Weg mitbestimmen. Unser Ziel ist die Gleichbehandlung, nämlich den Sportlern bei den Paralympics ein optimales Umfeld und gleiche Bedingungen wie den olympischen Sportlern zu bieten. Einen Schwerpunkt unserer Arbeit möchten wir auf die Nachwuchsförderung setzen, vor allem auf Kinder und Jugendliche mit Behinderungen und auf die Ermutigung von Frauen zum Behinderten-Leistungssport.

Paralympischer Sport ist Spitzensport und die Anforderungen werden immer herausfordernder. Ohne großzügige Sponsoren und Unterstützer wäre das nicht möglich. Das ÖPC ist sehr stolz, eine große Zahl an treuen Unterstützern zu haben und dankbar, dass auch durch die gestiegene Aufmerksamkeit in der Öffentlichkeit jedes Jahr weitere dazukommen.

Wir freuen uns jetzt schon auf die XI. Winter-Paralympics im März 2014 in Sotschi und hoffen, dass wir mit unseren Athleten ähnlich gute Erfolge wie in der Vergangenheit feiern dürfen, dafür drücken wir fest die Daumen!

До встречи в Сочи!

Wir sehen uns in Sotschi!

BM a. D. Maria Rauch-Kallat
Präsidentin des Österreichischen Paralympischen Committees

DIE INFEKTIONSKRANKHEIT „LEIDENSCHAFT"

„NUR WAS MAN GERNE MACHT, MACHT MAN AUCH WIRKLICH GUT."
Das ist, mit Verlaub, unsere ganz persönliche Meinung. Und was für jeden Sportler, Künstler und einfach alle, die etwas (er-)schaffen, gilt, ist in besonderem Maße auch für dieses Projekt der Maßstab. Es stellt elf Sportler vor, erzählt von ihrer Begeisterung und der Leidenschaft, ihrer Lebensfreude und dem klaren Blick für das Wesentliche. Vermengt mit den legitimen Forderungen nach möglichst professionellen Bedingungen für ihren Sport. Diese Mixtur lässt Leidenschaft entstehen, wie sie nur in Sportlern und Menschen des Kalibers der Portraitierten steckt. Und das – glauben Sie es uns, verehrte Leser – ist ansteckend. Höchst infektiös, sozusagen. Und aus diesem Grund ist vorliegendes Projekt realisiert worden.

BEGINN VON ENTHUSIASMUS UND LEIDENSCHAFT
Den Grundstein für dieses Buch legte eine andere Unternehmung, die 2011 mit einer ebensolchen Freude und Leidenschaft verwirklicht wurde: Es war die neuartige Präsentation von bisher (beinahe) „Unentdeckte(n) Helden" (Feldkircher, Klaus; Schedler, Nicole: Unentdeckte Helden; Bucher Verlag, Hohenems 2011), das Unterfangen, Geschichten besonders charismatischer Menschen und Sportler vorzustellen. Menschen, die ihr Schicksal durch ihre Behinderung selbst in den Hand genommen haben und durch den Sport Vorbild für viele wurden. Nach Abschluss dieses Projektes, das sehr erfolgreich war, kam der wehmütige Schlussgedanke: „Das war's!". Eine solche Möglichkeit, ein solches Glück würde sich nur einmal bieten. Denn auch die Denkweise und der Blick auf die Dinge haben sich durch das Erfahrene für die Projektverantwortlichen verändert. Hier ein bisschen, dort mehr, heute schwächer, morgen stärker, aber es hat sich ein Paradigmenwechsel vollzogen in der Relativität des eigenen Seins.
Umso größer waren Freude und Tatendrang, als sich Manuel Hujara eines schönen Tages mit seiner Idee für ein Buchprojekt über die Kaderläufer des AustriaSkiTeams Behindertensport für die Paralympics in Sotschi 2014 bei uns meldete. Der Funke des Trainers und des Teams glomm nicht nur, sondern fand Nahrung und sprang sofort über. Mit leuchtenden Augen erzählte Cheftrainer Hujara von seiner Arbeit und von der Einzigartigkeit jedes seiner Schützlinge.

STEIGENDE PRÄSENZ

Gerade in den letzten Jahren haben unsere Behindertensportler mit ihren außergewöhnlichen Leistungen besondere Aufmerksamkeit in der Öffentlichkeit erregt. Zahlreiche Weltcupsiege, Medaillen und Platzierungen bei den Paralympics, Weltmeistertitel und viele weitere bemerkenswerte Erfolge sprechen eine beredte Sprache. Doch hinter diesen Siegen stecken Schicksale und Geschichten, wo Menschen den größten Sieg errungen haben – wieder aufzustehen. Um diese Erfolge möglich zu machen, arbeitet ein professionelles Betreuerteam rund um die Mannschaft – und das oft für Gottes Lohn.

Genau hier setzt das Buchprojekt an. Wir wollen das gesamte Team, seine Arbeit und seine Emotionen einer breiten Öffentlichkeit vorstellen, indem wir ihren Weg nach Sotschi 2014 erzählen.

VORBILDER FÜR JEDEN VON UNS

Dadurch möchten wir allen, die den Weg der Athleten kennenlernen wollen, deren unbändige Kraft, deren Siegeswillen, aber auch deren Geduld und mentale Stärke aufzeigen. Diese Menschen werden durch ihr Handeln zu Vorbildern. Von ihnen können wir lernen, in Zeiten, die nicht so rosig sein mögen, die anders verlaufen, als wir es uns wünschen, in denen wir Halt brauchen, unser Potenzial auszuschöpfen, an unsere Grenzen zu gehen, darauf zu vertrauen, dass auf ein Wellental ein Hoch kommen wird. Diese spannenden Geschichten werden Sie, liebe Leserschaft, hoffentlich fesseln und gleichzeitig ein Anstoß sein, das eigene Schicksal zu reflektieren, zu gestalten und zu optimieren.

AUFBAU

Das Buch fußt auf den Erkenntnissen der Methode „Storytelling" und ist eine Geschichtensammlung über Athleten, deren Umfeld und Schicksale. Steigen Sie ein, wo Sie möchten, lesen Sie, so viel Sie wollen, und schmunzeln Sie, wann es beliebt. Facettenreich, spannend und informativ sind die Geschichten sowieso. Und wenn Sie die eine oder andere kleine Weisheit mitnehmen, umso besser. Die Klammer des Textes über die Sportler ist die antike Mythologie, derer wir uns bedienten, um jedem Athleten eine Figur zuzuweisen, deren Eigenschaften mit dem Sportler korrespondieren.

DANKESCHÖN

Möglich wird so ein Vorhaben erst durch die notwendigen finanziellen Mittel. Deshalb gebührt unser Dank an dieser Stelle folgenden Firmen und Institutionen, die mit uns dieses Abenteuer wagten:

– IGLO Österreich
– ÖPC Österreichisches Paralympisches Committee
– AUVA Allgemeine Unfallversicherungsanstalt
– Theresienöl Therapieöle
– Bergbahnen Kitzbühel
– Wifi Wien
– Therme Loipersdorf
– Rollstuhlclub ENJO Vorarlberg
– Q-rt Architektur, DI Kurt Schuster, Dornbirn
– DI Andreas Gaisberger, Dornbirn

Doch der langen Rede kurzer Sinn: Lassen Sie sich fesseln von spannenden Geschichten, die das Leben schrieb, von Erfolgen, die Tränen zu wecken vermögen, von Beziehungen, die uns ein Beispiel geben können.

Klaus Feldkircher
Nicole Schedler

DAS AUSTRIASKITEAM BEHINDERTENSPORT
SAISON 2013/14

NATIONALKADER (5)
– Bonadimann Philipp
– Lanzinger Matthias
– Lösch Claudia
– Rabl Roman
– Salcher Markus

A-KADER (5)
– Dorn Dietmar
– Grochar Thomas
– Haslacher Danja
– Sampl Reinhold
– Würz Martin

ERWEITERTER A-KADER (3)
– Pajantschitsch Nico
– Prettner Christoph
– Wilfling Maximilian

B-KADER (4)
– Falch Martin
– Kapfinger Andreas
– Lechner Peter
– Oberlechner Mario

Weitere Infos unter: www.austria-skiteam.at

LEADFIGUR WIE ZEUS

PHILIPP BONADIMANN

LEADFIGUR WIE ZEUS

SO WIE ZEUS SEINE GÖTTER UND GÖTTINNEN, HELDEN UND GESPIELIN-NEN UM SICH SCHART, UM IM KREISE SEINER GEFÄHRTEN SEIN DASEIN ZU GENIESSEN, SO IST AUCH PHILIPP BONADIMANN EINE DER LEADFIGU-REN IM AUSTRIASKITEAM BEHINDERTENSPORT.

Der Vorarlberger Bonadimann, Jahrgang 1980, betreibt den Schirennsport seit über zehn Jahren. In dieser Zeit hat er die Höhen und Tiefen des Sports, aber auch des Lebens erlebt. Doch er hat sich nie von irgendwelchen Misstönen beirren, geschweige denn unterdrücken lassen. Im Gegenteil: Philipp ist immer wieder aufgestanden, hat aus Niederlagen oder Verletzungen gelernt, gab sich in Zeiten des Sieges aber auch nicht dem Überschwang der Gefühle hin. So ist Philipp mit der Zeit gereift und hat auch Verantwortung übernommen.

VANCOUVER 2010

Ein einschneidendes Erlebnis in seiner Sportlerkarriere waren die Paralympics in Vancouver 2010. Zum einen holte er zweimal Edelmetall, zwei dritte Plätze stehen ganz oben auf seiner Erfolgsliste, zum anderen fand nach den Spielen im Team ein Generationswechsel statt. Viele arrivierte Läufer beendeten ihre Karriere, das Team wurde umstrukturiert und den neuen Gegebenheiten angepasst, zunehmende Professionalität änderte den Fokus der Athleten. Stand in den Jahren zuvor noch Spaß neben dem sportlichen Erfolg ganz oben, so wird seit 2010 professioneller gearbeitet. Die Nationalmannschaft wurde verschlankt, sodass dem einzelnen Sportler mehr Aufmerksamkeit geschenkt werden konnte. Durch diverse Sportmodelle wird es den – vor allem jungen – Läufern ermöglicht, sich zunehmend auf ihren Sport zu konzentrieren.

Und mitten im Geschehen sitzt Philipp Bonadimann, ein Typ, der sagt, was er denkt, meist ruhig und besonnen, wenn nötig auch emotional. Er hat mit den „Alten" um das Podest geritert, aber auch nach 2010 die Herausforderung angenommen und die „Jungen" immer wieder in die Schranken gewiesen. Doch er ist nicht der egoistische Einzelgänger, der alleine seinen Weg geht. Vielmehr steht er seinen Teamkollegen mit Rat und Tat zur Seite, wenn sie ihn benötigen. Er erkennt, wenn Führungsqualitäten – als Athletensprecher – gefragt sind, weiß aber auch, wann er sich zurückzuhalten hat. Und wenn es darum geht, Siege zu feiern, dann können sich die Jungen allemal vom Zeus des Teams eine Scheibe abschneiden. Philipp Bonadimann ist ein Original mit Charisma. Zweifelsohne. Solche Menschen braucht der Sport. Solche Menschen schreiben Geschichte(n).

DER TRAUM VON GOLD

PHILIPP BONADIMANN HAT DAS RENNFAHREN IM BLUT. 2013 IN LA MOLINA VERWIRKLICHT ER SICH EINEN WEITEREN TRAUM: ER WIRD SLALOM-WELTMEISTER. ER HÄLT ES WIE DER WEIN: JE ÄLTER, DESTO BESSER.

Philipp Bonadimann hat es geschafft: Er ist – nach zahllosen anderen Erfolgen – nun auch Weltmeister im Slalom. Und das nach beinahe zehn Jahren im Weltcupzirkus mit all seinen Auf und Abs. Er hat den Weg von der „Gaudipartie" hin zum professionellen Rennsport scheinbar problemlos geschafft. Dabei ist er neben seiner Sportlerkarriere vollbeschäftigt bei der Vorarlberger Gebietskrankenkasse. „Natürlich steckt ein großer Zeitaufwand hinter meinem Sport", erzählt er nachdenklich, „natürlich ist es nicht immer leicht, sich freizuschwimmen und den nötigen Fokus zu finden. Aber bis dato ist mir das noch immer gelungen, weil ich das Rennfahren nicht als Druck, sondern als Freude erlebe."

FREUDE AM SPORT STATT DRUCK

Darüber hinaus kann er sich auf ein intaktes Umfeld stützen, das ihm den Rücken freihält: Das sind zum einen Familie und Freunde, zum anderen die Partnerin Sabrina, die ihn unterstützt. Auch sein Arbeitgeber sei ein wichtiger Faktor auf dem Weg zum Erfolg, erzählt er. Neben dem Fulltime-Job hat der Weltmeister sechs Wochen Urlaub, also eine Woche mehr als Nichtbehinderte, und erhält 24 Tage Sonderfreistellung, um seinem Sport nachzugehen. Neben Vorbereitung und Training frisst der Weltcup mehr als diese 24 Tage, sodass auch ein Teil des Urlaubs daran glauben muss. Doch wie wichtig stressfreie Tage für die mentale und physische Regeneration sind, beweist das Jahr 2011, als Philipp mit mehreren schweren Verletzungen zu kämpfen hat und trotz der Rückschläge wieder zurück an die Weltspitze fährt. „Zum Training und den Rennen kommen heute noch zahlreiche Materialtests, ohne die ein erfolgreiches Abschneiden bei den Wettkämpfen einfach nicht möglich wäre", ist sich Bonadimann sicher. Und: „Im Moment geht es noch, aber die Zeit wird kommen, wo auch ich kürzer treten werde." Außerdem versucht der erfolgreiche Sportler, die Rennen als Urlaub zu sehen, als Abwechslung in seinem Leben, ohne aber den Leistungsgedanken und seine eigene Leistungsbereitschaft hintanzustellen. „Nicht das mediale Interesse, das Schulterklopfen sind mir wichtig, vielmehr ist es die Freude am Sport, am Schifahren, am Wettkampf mit anderen, die mich befriedigt", sinniert er.

Dazu komme, so Bonadimann, die Notwendigkeit, einem regulären Job nach-zugehen, denn es gäbe zwar bei den Paralympics Prämien für die ersten drei, aber sonst sehe es mager aus mit Preis- und Sponsorengeldern. Und so sagt er von sich, er sei „Hobbyist" mit professionellem Anspruch und lässt den Druck außen vor. „Vielmehr genieße ich den Sport, den Wettkampf, das Reisen und die Bekanntschaft mit interessanten Menschen." Dass die Leistung bei solchen Ansprüchen in keinster Weise leidet, beweist der erfolgreiche Monoschifahrer immer wieder aufs Neue.

DIE KEHRSEITE DER MEDAILLE

Die Professionalisierung im Behindertensport sieht er mit gemischten Gefüh-len. Einerseits sei die mediale Wahrnehmung eine Chance auf mehr Außen-wirkung, mehr Interesse und damit mehr Unterstützung seitens öffentlicher Institutionen und der Privatwirtschaft. Auch die Mitgliedschaft im ÖSV sieht er sehr positiv. Durch die Änderungen in den Strukturen seit Vancouver 2010 gebe es nun bessere administrative Unterstützung, auch die Möglichkeiten in punkto Ausrüstung und Material seien jetzt besser. Andererseits berge die Ausrichtung auf die Spitze Gefahren für den Breitensport: Im Nationalkader gebe es nur mehr Platz für zwölf Läufer, die natürlich von der besseren Be-treuung profitieren. Die Trainer haben mehr Zeit für den Einzelnen, die Piste im Training kann häufiger genutzt werden, Wartezeiten gibt es so gut wie keine mehr. Die Serviceleute können fokussierter arbeiten – für den Kaderläu-fer also wesentlich bessere Möglichkeiten.

Doch für die Newcomer und den Nachwuchs werde es zunehmend schwieri-ger, denn das richtige rennmäßige Schifahren lerne man „von den Guten". Und diese Tür sei den noch nicht so arrivierten Läufern fürs Erste versperrt. Und Bonadimann erzählt: „Ich hatte das Glück, von den Besten zu lernen. Ich habe meine ersten Schwünge mit den Vereinsmitgliedern gemacht, um dann festzustellen, dass ich das Schifahren rennmäßig betreiben möchte. So kam ich in den Kader, wo ich das ‚richtige Schifahren' lernte und sukzessive besser wurde. Heute haben es die Jungen schwerer: Sie müssen bereits gut sein, um in die entsprechenden Kader zu kommen. Natürlich gibt es mehrere Leistungsstufen – Europacup, erweiterter Kader, A-Kader usw. –, aber der Weg an die Spitze ist ungleich steiniger." Doch das sei nicht nur im ÖSV so, auch die anderen Nationen arbeiten extrem professionell und fokussiert.

Und weiter: „Damit geht der ursprüngliche Gedanke der Paralympics, den Behindertensportlern die Möglichkeit zu geben, sich zu bewegen und im Wett-kampf zu messen, ein wenig verloren. Ideal wäre es, wenn beide Richtungen – Breiten- und Spitzensport – hier Platz fänden."

DER „ALTE HASE"

Philipp Bonadimann ist ein alter Hase im Geschäft. Das ist unbestritten. Seit bereits mehr als zehn Jahren hat er die Entwicklung im Behindertensport erlebt, hat Weltmeister und Olympiasieger kommen und gehen sehen und hat sich seine Gedanken gemacht. „In die Rolle des alten Hasen wächst man hinein", grinst er, „seit Vancouver 2010 ist eine Entwicklung hin zu mehr Professionalität deutlich spürbar. Nach den Paralympics habe ich gemerkt: Es bewegt sich etwas. Viele Arrivierte haben aufgehört, die Jungen kommen nach und füllen die so entstandenen Lücken aus. Dadurch entsteht ein neuer Teamspirit, der uns alle zu Höchstleistungen treibt."

Auch die Möglichkeit einzelner Athleten und Trainer beim Zoll zu arbeiten, sieht Bonadimann sehr positiv. Denn nur so ist es möglich, in Zeiten zunehmender Professionalisierung besser zu werden. Ob das auch für ihn ein Weg gewesen wäre? „Darüber nachgedacht habe ich, doch ich habe bei der Vorarlberger Gebietskrankenkasse so viel an Unterstützung erfahren, dass mir ein Wechsel nicht sinnvoll erschien." Zudem genießt Bonadimann das kollegiale Umfeld und die Zukunftsperspektiven, die ihm das Unternehmen bietet. „Es war auf jeden Fall die richtige Entscheidung, meinen Weg so zu gehen, wie ich ihn gegangen bin", ist sich der Dornbirner sicher.

WELTMEISTER 2013

„Klingt gut", weiß Philipp Bonadimann, „aber verändert hat sich definitiv nicht viel." Die Sponsoren stehen noch nicht Schlange, die Finanzen sind so wie vorher. Nach kurzem Überlegen ergänzt er: „Doch, eines hat sich geändert: Ich habe mir meinen Traum verwirklicht. Es ist für mich eine Genugtuung und eine innere Befriedigung, dieses mein Ziel erreicht zu haben. Ich war darauf fokussiert, habe ihm vieles untergeordnet und es realisiert." Und ja, es sei sehr emotional. „Als mich meine Partnerin im Fernsehen bei der Medaillenverleihung gesehen hat, hatte ich Tränen in den Augen. Ich habe ihr nicht geglaubt. Erst als ich eine Aufzeichnung gesehen habe, wurde mir die Emotionalität dieses Augenblickes richtig bewusst. Der Druck war weg, ich war befreit."

Doch nach außen hat sich nichts geändert. Publicity und Bekanntheit sind ihm nicht so wichtig, versichert er glaubhaft. Freude an dem, was man tue, sei viel wichtiger. Und doch schreitet die mediale Wahrnehmung im Behindertensport schnell voran, weitere Mosaiksteine in dieser Entwicklung seien die Teilnahme von Matthias Lanzinger und die Fernsehpräsenz von Claudia Lösch, die viel zum positiven Image beitrügen. Außerdem sei es eben nicht mehr der Mitleidsfaktor, der die Medienpräsenz bewirke, sondern die Leistungen, die die Athleten erbringen. Neben einer besseren Sponsorenakquise sei es so leichter, an den „Nachwuchs" heranzukommen und die Menschen zur Teilnahme am Sport zu bewegen. Bonadimann ist sich sicher, dass es in der Gesellschaft noch zahlreiche

Slalom-Welmeister in La Molina

Behinderte gebe, denen das aktive Betreiben von Sportarten aller Art mental und physisch viel geben könnte.

Wie lange er selber noch gedenke weiterzumachen? „Ein ganz großes Ziel ist Sotschi 2014, danach wird sich der Bonadimann ins 'Kämmerle' setzen und nachdenken." Aber wie es auch kommen mag: Den weiteren Karriereverlauf lässt sich der Vorzeigeathlet offen, wenngleich irgendwann die Zeit kommen werde loszulassen. Und schließlich gebe es noch so viel, für das es sich zu leben lohne: Familie, Partnerin, Freunde, Handbiken und und und. „Mir wird sicher nicht langweilig." Wir glauben es unbesehen.

EMOTIONEN UND IMPRESSIONEN AUS LA MOLINA 2013

DAS UNMÖGLICHE WAGEN

Schon die Anreise nach La Molina war ein kleines Abenteuer, da unser Teambus kurz vor der WM seinen Geist aufgegeben hat. Daher reisten Didl (Anm.: Dietmar Dorn) und ich zu zweit mit dem privaten PKW in das über 1150 km entfernte La Molina nach Spanien. Da wir uns beim Fahren abwechselten, waren die elf Stunden Fahrzeit schlussendlich auch kein Problem für uns. No na! Die Infrastruktur in La Molina haben wir uns selber organisiert. Da wir um die Kochkünste im Hotel vom Weltcup des Vorjahres bereits Bescheid wussten, hatte unser Trainer Manuel die Idee, einen heimischen Koch mitzunehmen, ein Appartement mit Küche für ihn anzumieten und das Team so mit heimischer Kost zu verwöhnen. Unser Koch Rudi arbeitet normalerweise im Casino in Salzburg und wurde extra für uns freigestellt. Danke noch einmal dafür! Bei der Ankunft zahlte jeder Sportler 50 Euro in die Teamkasse und mit diesem Geld ging Rudi shoppen und verwöhnte uns jeden Tag aufs Neue. Man glaubt es kaum, aber diese Tatsache war für uns ungeheuer viel wert, da man sich jeden Tag auf ein sehr gutes Abendessen freuen konnte, denn wir waren ja zwei Wochen vor Ort. Die WM und die Rennen waren äußerst anspruchsvoll, da der Rennhang auf Grund seiner Steilheit technisch schwierig und die Verhältnisse mit aggressivem Schnee und Eis und viel Wind extrem waren. Mit meiner Leistung darf ich mehr als zufrieden sein, denn mein ganz großes Ziel, einmal Weltmeister zu werden, habe ich erreicht. Die Bronzemedaille in der Superkombi und die Goldene im Teambewerb waren wunderbar und eine Draufgabe. Es ist einfach unbeschreiblich, wenn Dinge aufgehen, wie man sich das vorgenommen hat. Zweimal Laufbestzeit im Slalom bei einer bärenstarken Konkurrenz war der Tupfen auf dem I, der meine Freude komplettierte.

Diese WM hat mich in meinem Glauben bestärkt, dass man das Unmögliche versuchen muss, um das Mögliche zu erreichen. Für solche Unterfangen ist auch das Umfeld – Trainer, Serviceleute, Verein, Familie, Freundin und viele andere – von enormer Bedeutung. Deshalb ein Dankeschön an alle, die an diesem Erfolg mitgewirkt haben.

Philipp Bonadimann

SELBSTBEWUSST UND ZIELORIENTIERT

PHILIPP BONADIMANN IST EINES DER AUSHÄNGESCHILDER DES BE-HINDERTENSCHISPORTS. KRAFT, EHRGEIZ UND AUSDAUER HABEN IHN DORTHIN GEBRACHT, WO ER HEUTE IST.

Doch dem war nicht immer so. Oben und unten wechselten sich in seinem Leben ab, zeigten Grenzen, aber auch Möglichkeiten. Bonadimann macht im Gespräch einen zielgerichteten Eindruck, selbstbewusst, aber auf dem Boden der Realität. Blitzschnell erkennt er Situationen und schafft es, sie in kürzester Zeit zu analysieren und passend zu kommentieren. Seine offene, geradlinige Art, in der er vorhandene Probleme anspricht, treiben unser Gespräch voran und öffnet immer neue Facetten und Aspekte nicht nur des Behindertensports, sondern auch des täglichen Lebens.

KLEINE URSACHE – GROSSE WIRKUNG

Dass dem nicht immer so war, gibt er unumwunden zu. Nach einem Motor-radunfall im Jahre 1998 sieht die Welt für ihn noch ganz anders aus: Es ist der 10. Mai. Philipp ist stolzer Besitzer eines Kleinmotorrads der Marke Aprilia. 17 Jahre, die Welt steht offen, kein Weg ist zu weit, jedes Ziel so nah. Doch das Schicksal will es anders. Philipp ist unterwegs. Im Schwarzachtobel, einer Ver-bindungsstraße in den Bregenzerwald. Es ist dunkel, doch die Strecke kennt er. In- und auswendig. Flott und mit dem Elan, den nur die Jugend kennt. Plötzlich rutscht das Motorrad weg. Ein Sturz über die Böschung. 30 Meter. Philipp kommt im Bachbett neben der Schwarzach zum Liegen. Im Dämmer-zustand liegt er da. Hilflos. Er kann sich nicht bemerkbar machen. Von da an ist die Erinnerung weg.

Ein Motorradfahrer, der zur selben Zeit unterwegs ist, sieht die am Straßen-rand liegende Aprilia. Kein Fahrer weit und breit. Geistesgegenwärtig ruft er Rettung und Feuerwehr, die Philipp nach der Erstversorgung in das Dornbir-ner Spital bringt. Die erste Diagnose: keine schwere Verletzung, nach zwei bis drei Wochen sei er wieder fit. Zu dieser Zeit kann Philipp seine Füße noch bewegen. Kurz darauf aber beginnt der Rücken zu schmerzen, Lähmungen treten auf. Die Sache ist ernst. Eine Fraktur des 11. und 12. Brustwirbels wird diagnostiziert, Nerven sind verletzt. Philipp wird umgehend mit dem Hubschrauber ins LKH Feldkirch transportiert und operiert. Seit seinem Unfall sind etwa 24 Stunden vergangen.

Nach dem Aufwachen der Schock: Lähmungen. Doch kein Arzt gibt ihm definitiv Auskunft, wie der weitere Verlauf sein wird. Zu unsicher ist eine Diagnose. Und so bleibt Philipp die Hoffnung auf Besserung seines Zustandes. Seine Eltern kümmern sich um einen Therapieplatz in Bad Häring (Tirol), den er nach zwei Wochen bekommt. Doch auch in den drei Wochen der Reha erhält er keine definitive Antwort auf seine brennendste Frage. Es ist noch zu früh, um sagen zu können, ob es Besserung gibt. Durch den spinalen Schock könne es sein, dass Nervenstränge und -bahnen durch Blutergüsse oder Prellungen im Rückenmark eingeschränkt sind, so die Ärzte.

Doch nach einem Monat Aufenthalt ist es Gewissheit: Philipp wird sein Leben im Rollstuhl verbringen müssen. Er fällt in ein Loch, aus dem er auch nach seiner Rückkehr nach knapp zweieinhalbmonatiger Reha nicht herausfindet. Er kommt nach Hause, alles ist anders, nichts mehr, wie es war. Das neue Leben zu akzeptieren fällt ihm schwer. Erkennbar ist das auch im Freundes- und Bekanntenkreis. Die einen bleiben, die anderen ziehen sich zurück. Auch für sie ist es schwierig, mit der neuen, ungewohnten Situation umzugehen. Philipp zieht sich seinerseits zurück. Das Ausgehen will keine rechte Freude mehr machen, die Hürden und Barrieren, die sich am Anfang ergeben, führen ihm sein neues Leben immer wieder drastisch vor Augen.

AUF ZU NEUEN UFERN

Er verbringt viele Stunden seiner Freizeit im Einkaufszentrum Messepark in Dornbirn, trinkt das eine oder andere Bier und weiß nichts mit sich anzufangen. In dieser Zeit lernt er Klaus Salzmann kennen, einen Behindertensportler der ersten Stunde. Der spricht ihn an und lädt ihn zum Basketballtraining seines Klubs RC ENJO Altach ein. Philipps Familie gibt den letzten Anstoß und so macht er sich auf den Weg. Doch wer sich jetzt erwartet, dass der junge Mann hellauf begeistert ist, der irrt. Ihn irritieren Umgangston und Ehrgeiz der Truppe, sodass er sich wieder zurückzieht. Aber Familie und Freunde lassen nicht locker, bis er wieder in der Halle steht. Erste Erfolgserlebnisse stellen sich ein, er beweist Talent und auch mit dem Umgangston lernt er umzugehen. Durch die neue Aufgabe, den Zusammenhalt unter den Sportlern und die Lust an der Bewegung stellt sich die Lebensfreude wieder ein. Der Rest ist bekannt. Heute ist Philipp Bonadimann einer der erfolgreichsten Sportler seiner Kategorie.

DER WEG GEHT WEITER

AUCH IN SEINER AUSBILDUNG BEDEUTET DER UNFALL EINEN STARKEN EINSCHNITT. PHILIPPS PLAN, IN DER HAK BREGENZ DEN AUFBAULEHRGANG ZU ABSOLVIEREN, UM NACH DREI JAHREN DIE MATURA IN HÄNDEN ZU HALTEN, WIRD JÄH DURCHKREUZT.

Doch er lässt sich nicht beirren. Im Herbst nach dem Unfall absolviert er die Prüfungen, um in den nächsten Jahrgang aufsteigen zu können. Philipp hebt an dieser Stelle das Verständnis und Wohlwollen seiner Lehrer hervor, doch das zweite Lernjahr fordert seinen Tribut. Der Rückstand aus der Zeit seines Unfalls ist zu hoch. Doch nach einer Ehrenrunde holt er das Versäumte auf und wechselt nach der Matura an die Fachhochschule Dornbirn, wo er den Studiengang für Betriebliches Projekt- und Prozessmanagement belegt und 2005 abschließt. Im Rahmen eines Projektes schnuppert Philipp in die Welt des ORF, wo er mit Guntram Pfluger für den Mundartrockwettbewerb und die Aktion „Licht ins Dunkel" arbeitet.

WENN MAN ETWAS WILL ...

Nach seinem Studium arbeitet der Jung-Betriebswirt bei der Firma Data Mobile in Lochau am Bodensee, doch bald erkennt er, dass dieser Fulltime-Job und seine sportlichen Ambitionen zeitlich nicht ganz zueinander passen. Auf der Suche nach einem Arbeitgeber, der die Anforderungen von Spitzensport und sinnvoller Anstellung vereinen könnte, stößt er auf die Gebietskrankenkasse. Nach mehreren Bewerbungen bekommt er – vorerst – zwar eine Absage, gleichzeitig werde seine Bewerbung aber „in Evidenz" gehalten. Wider jede Erwartung erhält er zwei Monate später eine Jobzusage.

Philipp Bonadimann ist heute noch immer bei der VGKK tätig und er fühlt sich wohl. „Mein Arbeitgeber hat mir so viel ermöglicht, dafür bin ich dankbar." Philipp hebt das Betriebsklima und den angenehmen Umgang sowie die Möglichkeit, sich laufend weiterzuentwickeln, immer wieder hervor. Bei seiner Tätigkeit trifft er immer wieder auf Menschen mit ähnlichem Schicksal, hat persönlichen Kontakt mit ihnen und kann – neben seinen beruflichen Aufgaben – wertvolle Tipps für das tägliche Leben geben. Außerdem schafft er es immer wieder, seine Mitarbeiter für die Belange des Behindertensports zu begeistern und sogar zur Mitarbeit zu bewegen. Man sieht, was Begeisterung bewirken kann.

Mit Lindsey Vonn beim FIS-Weltcup als Vorläufer

HEIM, MOBILITÄT UND ZUKUNFT

Seit 2003 betreibt Bonadimann Sport auf hohem Niveau, das Schifahren wird ab 2005 zu seiner Passion. Seine Eltern unterstützen den jungen, aufstrebenden Athleten mit all ihren Möglichkeiten. Bis 2005 wohnt er zu Hause, bis ihn der Wunsch nach einer Wohnung den Markt sondieren lässt. Doch die Preise haben es in sich, sodass eine andere Lösung her muss. Warum nicht ein eigenes Haus bauen? Ein Grundstück ist vorhanden, die Familie ist einverstanden, also steht dem Projekt nichts mehr im Weg, 2006 geht's los. Heute steht in Kehlegg in Dornbirn ein schmuckes Eigenheim, dessen Besitzer Philipp Bonadimann ist.

Auch Autofahren stellt kein Problem für ihn dar: Nach ein paar Umbauarbeiten an seinem PKW – Handgas und -bremse sowie eine Automatikschaltung – begibt er sich in den Verkehrsdschungel auf Vorarlbergs Straßen.

BLÖD GELAUFEN
SESTRIERE 2011

AN DIE WM IN SESTRIERE 2011 ERINNERT SICH PHILIPP MIT GEMISCHTEN GEFÜHLEN. ZIEL WAR ZUMINDEST EINE MEDAILLE, GEWORDEN SIND ES – DREI VIERTE PLÄTZE – DIE UNDANKBARSTEN PLATZIERUNGEN BEI ALLEN GROSSEREIGNISSEN.

Nach dem vierten Platz im Super-G, wo er sich nicht allzu viel erwartet hat, ist er eigentlich ganz zufrieden und hat Hoffnung auf weitere Erfolge. Die Superkombi beginnt nicht sehr glücklich: 11. Platz nach dem Super-G, den er mit zweitbester Laufzeit im Slalom zu kompensieren hofft. Am Ende schaut wieder der vierte Rang heraus – um zwei Zehntel an der Medaille vorbei. Als letzte Chance bietet sich der Slalom und – wieder nur der vierte Platz.

„Der erste vierte Platz war o. k.", meint Philipp. „Der zweite hat wehgetan und der dritte war ein Stich ins Herz", beschreibt er seine damalige Gefühlslage. Jetzt braucht er ein Freilos: Philipp nimmt sich vor, für jeden vierten Platz vier Bier zu trinken. Nach den ersten paar gibt er aber w. o., erkennend, dass seine Begabungen eindeutig im Sport liegen. Nichtsdestotrotz wird er mit dem Gewinn des Gesamtweltcup 2010/11 belohnt.

Dazu kommt ein Sturz bei der WM, der ihn für einige Monate außer Gefecht setzt. Mit Gesichtsverletzungen und Prellungen kann er gut leben, aber eine Sehnenverletzung in der Schulter macht ihm bis Juni 2011 zu schaffen. In der Frage, ob OP oder nicht, entscheidet er sich für eine konservative Behandlung. Mittlerweile lehrt Philipp die Konkurrenz mit alter Stärke das Fürchten. Zehn bis zwölf Stunden Training pro Woche bringen ihn seinen Zielen – Weltmeisterschaft 2013 in La Molina und Paralympics 2014 in Sotschi näher, doch mittlerweile hat auch er gelernt, in seinen Körper hineinzuhören, ihn ernst zu nehmen. Der Plan geht auf, Philipp wird in La Molina mit dem WM-Titel im Slalom und im Teambewerb belohnt.

WAS MAN NICHT IM KOPF HAT ...

Dass Philipp immer für eine Überraschung gut ist, zeigt eine kleine Geschichte, die er en passant zum Besten gibt. Im Jahr 2005 findet ein Rennen in St. Lambrecht in der Steiermark statt, zu dem er mit einem Teamkollegen per Auto anreist. Wie das so sei, habe man alles – den Rollstuhl, den Monoschi, das Gepäck und was es sonst noch so alles brauche – ins Vehikel gepackt, entsprechend unbequem ist seine Sitzposition. Auf dem Rückweg wundert er sich über das gewachsene Platzangebot, er spricht mit seinem Begleiter – plötzlich der Geistesblitz: Der Rollstuhl steht noch auf dem Parkplatz. Alles Lamentieren ist vergebens, die Reise geht wieder retour.

Und so ist Philipp ein Mensch, der mit einer Grundehrlichkeit, mit viel Humor und Augenzwinkern durchs Leben geht und sich auf die wichtigen Dinge – Familie, Partnerin, Freunde und die Freuden des Lebens – konzentriert. Er hat sein Leben im Griff, blickt gelassen in eine schöne Zukunft, die ihm und uns hoffentlich noch den einen oder anderen Erfolg bescheren wird.

PHILIPP BONADIMANN IN ZAHLEN

Geburtstag: 24. 7. 1980
Geburtsort: Feldkirch
Geschwister: Anja
Beziehungsstatus: Freundin Sabrina
erlernter Beruf: Betriebswirt
zweiter Geburtstag: 10. 5. 1998
Wohnort: Kehlegg 90a in Dornbirn
Beruf: Verwaltungsangestellter bei der VGKK
Hobbys: Monoschi, Handbike, Basketball, Lesen, Buscheln
Rollstuhl: Meyra
Schi/Bindung: Atomic

Klub: RC ENJO Vorarlberg/VBSV
im ÖSV-Kader: seit 2005
Beruf: Verwaltungsangestellter
Behindertenklasse: LW 11
Behinderungsart: Querschnitt nach Motorradunfall/1998

SEINE GRÖSSTEN ERFOLGE

Paralympische Medaillen	BRONZE Slalom – Vancouver 2010
	BRONZE Superkombination – Vancouver 2010
WM-Medaillen	GOLD Slalom – La Molina 2013
	BRONZE Superkombination – La Molina 2013
	GOLD Teambewerb – La Molina 2013
	SILBER Teambewerb – Korea 2009
1. WC-Sieg	Jänner 2011/Slalom Arta Terme/ITA
Sieger Gesamt-WC	Saison 2010/2011

2012/2013	Weltmeisterschaft La Molina – Spanien	GOLD Slalom
		BRONZE Superkombination
		GOLD Teambewerb
	Weltcup	4. Platz Gesamtweltcup
		2. Platz Slalom gesamt
	Europacup	1. Platz Slalom gesamt
2011/2012	Weltcup	4. Platz Gesamtweltcup
		1. Platz Slalom gesamt
		4. Platz Superkombination ges.
2010/2011	Weltmeisterschaften Sestriere Italien	4. Platz Slalom
		4. Platz Super-G
		4. Platz Superkombination
	Weltcup	GESAMTWELTCUPSIEGER
		1. Platz Slalom gesamt
	Europacup	2. Platz Gesamteuropacup
2009/2010	Paralympische Winterspiele Vancouver	BRONZE Superkombination
		BRONZE Slalom
	Weltcup	3. Platz Slalom gesamt
		4. Platz Gesamtweltcup
2008/2009	Weltmeisterschaft Korea	SILBER Teambewerb
	Europacup	GESAMTEUROPACUPSIEGER
2007/2008	Weltcup	5. Platz Gesamtweltcup
		5. Platz Slalom gesamt
		1. Weltcupeinsatz

Sämtliche Erfolge unter www.austria-skiteam.at

DER TÜFTLER

DIETMAR DORN

DER TÜFTLER

WÜRDE MAN DIETMAR DORN MIT EINEM GOTT VERGLEICHEN, SO WÄRE DAS WOHL APOLLON, DER GOTT DES LICHTES, DER KÜNSTE, ABER AUCH DER WISSENSCHAFTEN. DENN DIETMAR IST BEKANNT DAFÜR, NICHT DIE EINFACHSTE, SONDERN DIE BESTE LÖSUNG ZU FINDEN.

Besonders zeigt sich das in der Entscheidung, mit welchem Sportgerät er dem Ziel entgegenbrausen will. Dietmar übernimmt nicht nur irgendwelche vorgefertigten Monoschier, sondern bastelt so lange an ihnen herum, bis sie seinen Ansprüchen gerecht werden. Und der Erfolg gibt ihm Recht.

BILDUNG UND KUNST

Auch abseits der Schipiste geht Dietmar seinen eigenen Weg: 2013 legt er die Berufsreifeprüfung – neben Sport, Freundin und Job – erfolgreich ab. Daneben richtet er sich ein Domizil, das seinen Ansprüchen gerecht wird, ein und findet auch noch die Muße, sich mit der bildenden Kunst zu beschäftigen. Dietmar ist ein extrem vielseitiger Mensch, der sich in den unterschiedlichsten Bereichen zu Hause fühlt. Daneben geht er aber konsequent seinen Weg und lässt sich nicht von irgendwelchen Problemen beirren. Von ihm könnte sogar Apollon noch lernen.

ES GIBT SO VIELES
AUF DER WELT

**DIETMAR DORN WURDE 1979 GEBOREN. ER IST QUERSCHNITTGELÄHMT.
MIT 23 JAHREN WIRD IHM EINE FAHRT MIT SEINER SUPERMOTO ZUM
VERHÄNGNIS UND ZWINGT IHN IN DEN ROLLSTUHL.**

Der 29. Mai 2003 beginnt mit angenehmem Wetter. Die Idee: eine Biketour
über Faschina. Das Wetter lädt geradezu ein. Dietmar sitzt auf seiner KTM
Supermoto und befindet sich schon auf dem Weg jochabwärts. Regen hat
eingesetzt, der Trip wird vernünftigerweise beendet, gemeinsam beschließen
die drei Biker die Heimfahrt. Ein Motorradfahrer vorne, einer hinten, Dietmar
in der Mitte – so fahren sie los. Der Regen hat inzwischen zugenommen, die
Fahrbahn wird seifig und glatt. Da nimmt das Unglück seinen Lauf: In einer
Kurve rutscht die Maschine weg, Dietmar wird gegen den Steher der Leit-
planke geschleudert. Er nimmt beim Aufprall mit dem Brustkorb einen lauten
Knall wahr und spürt sofort, dass etwas nicht stimmt. Die Luft bleibt ihm
weg, die Lunge füllt sich mit Blut, von da an merkt er nichts mehr – er fällt
in Ohnmacht. Glücklicherweise ist einer der Kollegen, die ihn an diesem Tag
begleiten, Sanitäter. Er erkennt den Ernst der Lage und fordert sofort einen
Hubschrauber an.

Der Notarzt und das Team vor Ort nehmen die Stabilisierung des Verunfallten
vor. In der Zwischenzeit trifft auch der Vater ein. Jetzt muss es schnell gehen.
Dietmar wird nach Feldkirch geflogen, wo sofort eine Rücken-OP durchgeführt wird. Anschließend liegt er drei Tage in künstlichem Tiefschlaf. Als er
aufwacht, ist er intubiert, hängt an mehreren Schläuchen und Geräten und
ist am Bett festgebunden. Er hätte sich ansonsten die Schläuche aus dem Leib
gerissen, ist die Erklärung. Schreck durchfährt seine Glieder. Ein Lungenflügel
ist zusammengefallen. Er kann sich nicht artikulieren. Zudem steht er unter
der Einwirkung von starken Medikamenten, er halluziniert, denkt, die Ärzte
und das Personal trachten ihm nach dem Leben. Bemerkt wird dieser Zustand
von seinen Angehörigen. Die Folge: Die Medikamentendosis wird herabge-
setzt. Jetzt geht es langsam aufwärts. Nach insgesamt zwei Wochen auf der
Intensivstation wird er in ein normales Krankenzimmer verlegt. Die Diagnose
einer vermutlichen Querschnittlähmung bekommt er aber bereits nach zehn
Tagen. Doch auch bei ihm halten sich die Ärzte noch etwas bedeckt und sprechen vom „spinalen Schock". Sein Aufenthalt in Feldkirch soll noch einmal
zwei Monate dauern, bis er einen Reha-Platz in Bad Häring bekommt.

EIN SUPER ROLLSTUHLFAHRER?

Dort angekommen wird er untersucht. Genauestens, wie Dietmar betont. Der Arzt, mit dem er es zu tun hat, macht aus seinem Herzen keine Mördergrube. Er stellt ihn vor die vollendete Tatsache: Herr Dorn, Sie werden nie mehr in Ihrem Leben laufen können. Aus Ihnen machen wir einen super Rollstuhlfahrer.

Für Dietmar bricht eine Welt zusammen. Er komplimentiert den „einfühlsamen" Arzt innert Sekunden aus dem Zimmer und denkt nach. Angst, Verzweiflung, Frust kommen in ihm hoch. Wie soll das Leben weitergehen? Er fällt in ein Loch, resigniert. Das einzige Ziel, das ihn noch treibt: ein Rollstuhl und nach Hause. Doch es sollte noch drei Monate dauern, bis ihm dieser Wunsch erfüllt wird. Eines Tages – ein Italiener, Stefano aus dem Süden, ist da, der in der Halle am Hanfseil nur mit der Kraft seiner Hände an die Decke klettert – wird ihm eine Abschlussübung gestellt: Wenn du das kannst, darfst du nach Hause. Das ist der Zeitpunkt, auf den Dietmar gewartet hat. Er hievt sich aus dem Rollstuhl und ist – schwups! – an der Decke, begleitet von Zurufen und den Ermahnungen, vorsichtig zu sein. Geschafft! Zwei Wochen später ist er zu Hause.

Was er sich so gewünscht hat, entpuppt sich aber als schlimme Zeit. Er ist zurück in seinem Umfeld, in seinem alten Leben, aber – er ist nicht mehr der Alte. Er versucht, Normalität einkehren zu lassen, beginnt sofort wieder zu arbeiten, doch es ist nichts mehr so, wie es war.

Seinem ehemaligen Arbeitgeber LTW streut Dietmar Rosen. Für seine Firma war er weltweit auf Montage unterwegs, etwa acht Monate vor seinem Unfall hatte er sich in den Innendienst versetzen lassen. Für LTW ist es nach dem Unglück gar keine Frage, sich um den Mitarbeiter zu kümmern und ihm ein adäquates Jobangebot zu machen – Büro und Kundendienst passen Dietmar gut. Außerdem – und das wird Dietmar nie vergessen – ist es seine Firma, die ihm das erste Handbike schenkt. Und so verwundert es nicht, dass der Wechsel ins Zollamt Feldkirch/Wolfurt im Jahr 2010 schwerfällt. Doch was für ihn am neuen Job wichtig ist: Er kann seine sportliche Karriere weitertreiben, denn im Rahmen dieser Anstellung erhält er ein spezielles Sponsoring und hat die Möglichkeit, bis zu 22 Wochen im Jahr freigestellt zu werden.

FLOTT UNTERWEGS

Doch bis dahin ist es noch weit. Nach seiner Heimkehr besteht das Leben für ihn aus Arbeit, nach Hause kommen und Nichtstun. Es ist nur eine Frage der Zeit, bis ihm die Decke auf den Kopf fällt. Im Internet sucht er nach Informationen und Möglichkeiten, doch wieder aus dem Rollstuhl zu kommen, aber es ist eine erfolglose Suche.

Auch die Situation mit Freunden und Kollegen gestaltet sich nicht so einfach. Sie wissen nicht so recht mit seiner Behinderung umzugehen, er selber geht

Mit dem Handbike ins Kühtai auf 2020 m Seehöhe

zu wenig auf sie zu, es ist ein Teufelskreis. Doch eines weiß er ganz genau: Ein Auto muss her, damit er mobil bleibt. Und Auto heißt nicht nur irgendein kleiner Kompaktwagen. Dietmar ist ein Freund schöner – und auch schneller – Dinge. Und so begibt er sich in Dornbirn zu BMW Unterberger, am Ende des Tages steht ein wunderschöner BMW 330 XD vor der Haustüre.

Um ganz ausbrechen zu können und selbstständig zu sein, geht Dietmar von jetzt an einen neuen, eigenen Weg. Nach 18 Monaten, in denen er zu Hause wohnt, stellt er die Eltern vor vollendete Tatsachen: Er will sein Leben mit allen Konsequenzen und ohne Kompromisse führen. So geht er auf Wohnungssuche, die in der Sandgasse in Dornbirn rasch ihr Ende findet.

DIE ROLLE DES SPORTS

Mental hat er sich erst ein Jahr nach dem Unfall mit seinem Schicksal abfinden können und kommt nun zunehmend besser mit seiner Situation zurecht. Bereits seit einiger Zeit ist er Mitglied beim RC ENJO und spielt Basketball, im Winter beginnt er mit dem Schifahren. Auf die Frage, wie schwierig es sei, mit dem Monoschi die Piste hinunter zu brettern, grinst er und stellt die Gegenfrage, ob es schwierig gewesen sei, von den Alpinschiern auf das Snowboard umzusteigen, und lässt die Antwort im Raum stehen. Der Autor vorliegender Zeilen hat diese Erfahrung gemacht und darf dem werten Leser versichern, dass blaue Flecken und schmerzende Handgelenke sowie ein kapitaler Muskelkater eine lange Zeit unliebsame Begleiter des Alltags waren.

Dietmar beginnt also, beim Rollstuhlclub Basketball zu spielen, sein Leben bekommt wieder Sinn. Ist er vor seinem Unfall stolz, mit dem Bike im Bregenzerwald ein bisschen herumgekurvt zu sein, so denkt er sich heute oft, dass 50 Kilometer mit dem Handbike etwas wenig seien. So ändern sich die Zeiten. Eine seiner Touren führt ihn auf den Pfänder. Mit Start in Dornbirn ist er nach etwa 3,5 Stunden wieder zu Hause. Außerdem zieht es ihn immer wieder einmal in die Ferne. Wenn Sie auf den Straßen Mallorcas oder Fuerteventuras einen Handbiker seine Runden ziehen sehen, dann dürfte es sich um Dietmar Dorn handeln.

EIN GUTES SPORTGERÄT HAT SEINEN PREIS

Um sich für die kommende Saison fit zu halten bzw. um Kondition aufzubauen, ist das richtige Sportgerät enorm wichtig, betont der Sportler. Dabei bietet das Handbike einem Rollstuhlfahrer die beste Möglichkeit, Kondition und Kraft zu tanken. Hier fällt die Wahl des technikverliebten Dietmar auf ein neues Alubike der deutschen Manufakturschmiede Schmicking, das mit gut elf Kilo eines der leichtesten und effizientesten sei, das zurzeit auf dem Markt zu haben ist, wie Didl betont. Mit einem Preis von 7000 Euro sei es darüber hinaus ein wahres Schnäppchen gegenüber seinem aktuellen Monoschi.

Das angesprochene Sportgerät ist eine Einzelanfertigung von Kopf bis Fuß. Der Rahmen besteht aus Alu-Frästeilen, der Dämpfer ist für jeden Rennläufer individuell gefertigt. Die Sitzschale und die Rückenlehne werden eigens an die individuellen Bedürfnisse angepasst, wobei man an den sehr teuren Teflon-Karbon-Fasern nicht vorbeikommt. Diese Materialen bieten enorme Stabilität und halten auch stärksten Schlägen von Torstangen und Bodenwellen stand. Bis das Gesamtpaket zusammengestellt und montiert sei, liege man, so Dietmar Dorn, locker bei zehn- bis dreizehntausend Euro. Und so wird wieder einmal klar, warum es für Sportler der Kategorie Dietmar Dorn enorm wichtig ist, Sponsoren zu finden.

DREAM-TEAM EINMAL ANDERS

DIETMAR DORN IST SCHON LANGE IM SCHIRENNSPORT DABEI. EIN ALTER HASE SOZUSAGEN. DOCH WENN ER ÜBER DAS AKTUELLE TEAM DER ÖSTERREICHISCHEN BEHINDERTENSCHILÄUFER SPRICHT, KOMMT ER INS SCHWÄRMEN.

Vancouver 2010 war erfolgreich. Für alle. Dietmar nimmt bleibende Eindrücke aus Kanada mit: „Die Menschen in Vancouver sind aufgeschlossen, freundlich und zuvorkommend. Als Paralympics-Teilnehmer ist man dort eine angesehene Größe und man spürt die Anerkennung und nicht etwa Mitleid." Doch irgendwann müssen auch die Besten erkennen: Ich bin am Zenit meiner Leistungsfähigkeit. Und weil so viele aus dem erfolgreichen Team mit einem Sieg abtreten wollten, hat sich das Gesicht der Mannschaft schlagartig verändert. Verjüngt. Wurde faltenfreier. Wenn Dietmar heute die Senioren aufzählt, ist er schnell fertig: Da sind Philipp Bonadimann und neben seiner Wenigkeit aus Vorarlberg noch die Salzburger Reinhold Sampl und Danja Haslacher. Das war's dann auch schon. Ihnen sitzen die jungen Wilden im Nacken. Die die Piste hinunterbrettern, als gäbe es kein Morgen. Die auf ein anderes, professionelleres Umfeld bauen. Und dieses auch für sich zu nutzen wissen.

BLUTAUFFRISCHUNG ZUR RECHTEN ZEIT

Aber von Wehmut nach der guten alten Zeit ist bei Dietmar Dorn nichts zu spüren. Im Gegenteil: Er lässt sich vom Erfolgshunger und dem Teamspirit gerne anstecken. Ist Teil des Gefüges. Sein Zimmerkollege ist Roman Rabl, Allroundspezialist aus Tirol. Und sie kommen wunderbar miteinander aus.

„Diese Blutauffrischung war sicher wichtig und gut", ist Dietmar überzeugt, „im Team waren bis Vancouver viele Siegertypen, was gut war, wenn es lief. Waren deren Leistungen einmal nicht top, so hat sich das auch auf das Team übertragen. Heute werden schlechte Resultate, die es immer wieder gibt, vom ganzen Team, also auch von den Betreuern, abgefangen. Damit bekommen die Jungen mehr Zeit, sich zu entwickeln."

Die Sportler freuen sich miteinander, leiden miteinander, wenn es schief geht, man stehe eben zusammen. Auch der Betreuerstab wurde einer Verjüngungskur unterzogen. Es sei wichtig gewesen, dass Trainer und Betreuer die Sprache der Jungen sprechen, ist Dietmar überzeugt. Und deshalb ist es kein Wunder, dass das AustriaSkiTeam momentan in der Weltspitze ganz vorne mitfährt und Erfolge in Serie einfährt. „Vor allem, wenn man diesen Run mit unserem Budget vergleicht", erklärt der Routinier, „denn wir haben zwar den ÖSV zusätzlich im Rücken, doch die Aufwendungen sind viel kleiner als die vieler unserer Konkurrenten." Dorn spricht hier vor allem die Kanadier, Amerikaner und Skandinavier an. Warum das so sei? „Das ist ganz einfach. Behindertenintegration hat in diesen Ländern schon viel früher begonnen und ist deshalb wesentlich weiter fortgeschritten."

Ein weiteres Plus der neuen Strukturen sei die Verkleinerung des Teams durch die Einführung klarer Richtlinien für die Kadereinteilung. Jetzt haben die Trainer und Betreuer mehr Zeit, sich um den Einzelnen zu kümmern. Insgesamt ist die Arbeit also professioneller, fokussierter geworden, konstatieren wir. Mit dieser Meinung ist Dietmar Dorn nicht allein, denn die Athleten heben unisono diese Entwicklung hervor. Dazu komme noch der funktionierende Erfahrungsaustausch zwischen „Alten" und „Jungen". „Warum soll Roman dieselben Fehler machen wie ich, wenn es sich vermeiden lässt", fügt er hinzu. Einzig das Sponsoring macht Dietmar Kopfzerbrechen. Im Behindertensport sei es sehr schwer, einen Sponsor zu finden, der mit den Athleten bzw. dem Team durch dick und dünn geht. Als Beispiel, wie es funktionieren kann, führt er Iglo an, ein Unternehmen, welches das Behindertenteam nicht nur materiell, sondern auch mental unterstützt. „Da rufen die Chefs nach den Rennen an, fragen, wie es uns ergangen ist, freuen sich mit uns. Das ist Motivation", denkt Dorn über ein funktionierendes Sponsoring nach. Vielleicht ergebe sich in nächster Zeit etwas, meint er.

ROUTINE VOR UNGESTÜM

Eines hat Dietmar „Didl" Dorn den Jungen voraus: Das ist seine Routine. Er stellt sich punktgenau auf das Rennen ein, sollte einmal etwas Unvorhergesehenes passieren, lässt er sich nicht mehr aus der Ruhe bringen. Das ist sein großes Plus. Ein weiterer Pluspunkt? „Dass wir die weltbesten Monoschifahrer im eigenen Team haben. So gibt es bei jedem Training ein Battle um die Bestzeit, was uns immer schneller macht und weiter bringt. So ist ein relevanter Vergleich möglich", ist Dorn überzeugt. Das Ende seiner Karriere sei noch nicht so schnell in Sicht. „Sotschi ist immer eine Reise wert, und wenn ich in Form bin und die Fitness es zulässt, mache ich sicher noch weiter." Und: „Wenn ich heute sage, ich höre nach Sotschi auf, habe ich schon abgeschlossen." So will er sich die Spannung aufrechterhalten. Dietmar Dorn genießt den Rennsport. Etwas aber gibt es noch, was den alten Hasen reizen würde. Er überlegt seit zwei Jahren, ob er sein Sportgerät wechseln soll. Team- und Zimmerkollege Roman Rabl hat diesen Schritt bereits hinter sich. Erfolgreich, wie wir wissen. Was aber nicht alle wissen: Auch Dietmar hat ein solches Gerät in der Werkstatt stehen. Die beiden haben gemeinsam den Wunder-Mono gekauft, aber während Roman sich gleich an dessen Umbau machte, hat Dietmar gezögert.

Bronzemedaille im Slalom

DIE KRUX MIT DEM MATERIAL

„Roman ist tiefer gelähmt als ich", erklärt er, „deshalb ist es nicht sicher, ob dieser Mono auch für mich der richtige ist. Er ist für tiefgelähmte Rennläufer gebaut und deshalb nicht optimal." Außerdem ist Dietmar Slalomspezialist, das Sportgerät aber für diese Disziplin weniger geeignet. Trotzdem tüfteln beide weiter, wie man diesen Mono auch für ihn tauglich machen kann. Auch einen Start in den Speeddisziplinen schließt er nicht aus. Denn von Größe, Gewicht und Statur her würde jeder hinter ihm einen Abfahrer oder Allrounder vermuten. „Vielleicht versuche ich es mit beiden Geräten", ist eine weitere Variante, die sich der Athlet vorstellen kann. „Es gibt zwar noch niemanden, der das macht, aber jemand muss der Erste sein", grinst er. „Andere Nationen sind hier schon einen Schritt weiter. Sie modifizieren ihr Monogerät für die einzelnen Rennen: Die einen umschrauben die Sitzschale, um den Druck auf den Schi zu verändern. Andere wieder haben spezielle Stoßdämpfer für die verschiedenen Disziplinen. Hier gilt es also die richtige Lösung für mich zu finden." Deshalb tüftelt der als akribischer Arbeiter bekannte Dietmar wieder und wieder am perfekten Monoschi. Und solange er dieses Rätsel nicht gelöst hat, kann er auch nicht aufhören. Punkt. Aus. Schluss.

EIN LEBEN, DAS VIEL SCHÖNES BIRGT

PRIVAT HAT SICH BEI DIETMAR DORN EINIGES GEÄNDERT. ER HAT MIT FREUNDIN JANINE VONACH EIN HAUS UMGEBAUT UND RENOVIERT – UM VIER MONATE SPÄTER AUSZUZIEHEN. ABER KEINE SORGE, ZUSAMMEN MIT IHR.

Im Leben des smarten 79ers bleibt in den letzten Jahren kein Stein auf dem anderen: Mehrmaliger Wohnungswechsel, Ausbildung und vieles mehr bestimmen sein Leben. Beim Hausbau steht er nicht an, Pinsel, Hammer oder Hilti selber in die Hand zu nehmen und den staunenden Handwerkern zu zeigen, was Sache ist. Wie bemerkte der Kaminbauer so schön: „I hob gmuant, i sieah nid richtig. Do krabelt der Rollstuhlfahrer dia Stiega aba und stemmt die Zieagelwänd usser. So was hob i no nia gsea!" Von der ersten Wohnung in der Sandgasse ziehen sie ins neue, geschmackvoll eingerichtete Heim. Aber das sollte nicht ihre letzte Station sein.

DANN INS PENTHOUSE

„Die Arbeit am Haus war toll, hat Spaß gemacht", erzählt Dietmar. Die beiden bauen einen Lift in den ersten Stock, versuchen ihr Domizil behindertengerecht zu machen. Doch schnell merkt Dietmar: Das Stiegenhaus ist zu schmal. Mit dem Lift kann nur er hochfahren, aber keine Tasche oder andere Utensilien mit sich transportieren. Nach reiflicher Überlegung entschließen sich die beiden nach einer Wohnung zu suchen, die Dietmar größtmögliche Bewegungsfreiheit bietet. Und sie werden rasch fündig: In Dornbirn in der Hanggasse beziehen sie ein Penthouse. Trotzdem hat das Herz geblutet, als die beiden ausziehen. „Es war halt von uns geplant." Doch das Haus ist noch in ihrem Besitz, es ist nicht aus der Welt, sondern nur vermietet. Kaum eingelebt in der neuen Wohnung gibt es erfreuliche Neuigkeiten. „Die Wohnung wird bald mit noch mehr Leben erfüllt", freuen sich die beiden. Und verraten uns überglücklich, dass sie im Oktober 2013 ihren ersten Nachwuchs erwarten.

Um beruflich weiterzukommen – Dietmar ist beim Zoll in Wolfurt beschäftigt –, beschließt er, die Berufsreifeprüfung abzulegen. 2013 ist es so weit, er hat das begehrte Zeugnis in der Hand. Vom Studieren will er aber vorerst nichts wissen, zu viel Zeit und Energie musste er in den letzten Jahren investieren. „Da waren Schirennsport, Beruf, der Umbau des Hauses und die Ausbildung unter einen Hut zu bringen. Jetzt will ich Zeit mit Janine verbringen und gemeinsam mit ihr unser Kinderglück genießen." Ein Studium an der Fachhochschule käme für ihn nur mehr als Vollzeitstudent in Frage, ist er sich sicher. Aber auch das wird Dietmar schaffen, wenn er es in Angriff nimmt.

FREUNDIN JANINE UND FAMILIE

Wer Dietmar in den letzten Jahren immer Rückhalt gegeben hat, ist seine Freundin Janine, wird er nicht müde zu betonen. Sie ist es, die zuhause alles am Laufen hält. Sie ist es, die alle Termine im Kopf hat und ihn immer wieder erinnert. „Sie ist ein Organisationstalent", weiß Dietmar aus langjähriger Erfahrung. Und: „Da bin ich schon ein bisschen neidisch."

Zum anderen ist es auch die Familie im „Wauld", die ihm immer wieder beweist, was im Leben zählt. „Es ist schön nach Hause zu kommen und im Kreise der Familie 'a Schwätzle' zu halten." Das gibt den beiden Kraft und Freude, sich auf ihre kleine Familie zu freuen.

EMOTIONEN UND IMPRESSIONEN
AUS LA MOLINA 2013

AM ZIEL ANGELANGT

Die Anreise nach La Molina war etwas improvisiert, aber das ist eine andere Geschichte. Ich hatte mich schnell im WM-Ort eingewöhnt und fuhr die Abfahrtstrainings nur, um den Hang für den Super-G kennenzulernen. Die Rennen überließ ich dann unseren Speedprofis Rabl und Sampl. Die Tage vor meinen Bewerben – Slalom und Superkombi – verliefen extrem fokussiert und mit höchster Konzentration und Motivation. Endlich konnte ich mein Trainingsprogramm und meine Erfahrung ausspielen und umsetzen. Beim Slalom war ich überhaupt nicht nervös und freute mich auf meinen Einsatz. Mit der Bronzemedaille als Belohnung fiel ein großer Stein von meinem Herzen und der Druck ließ nach. Der Rest war Draufgabe.

Leider verlief die Superkombi nicht ganz nach meinem Geschmack, da mir das Wetter einen Strich durch die Rechnung machte. Mich erwischte gleich nach dem Start im Super-G eine Windböe, die mich fast zum Ausscheiden brachte. Dadurch war ich zeitlich zu weit von den Schnellsten entfernt. Jetzt hieß es alles auf eine Karte zu setzen. Mit teilweisem Erfolg. Der schnellste Slalomlauf reichte leider nur für den undankbaren vierten Rang.

Mit meiner Bronzemedaille bin ich sehr zufrieden. Mein Ziel war eine Medaille, egal in welcher Farbe, und das habe ich erreicht. Ich werde diese WM auch aufgrund unseres tollen Teamspirits in bester Erinnerung behalten.

Dietmar Dorn

DIETMAR DORN IN ZAHLEN

Geburtstag: 30. 6. 1979
Geburtsort: Riefensberg
Geschwister: 3
erlernter Beruf: Elektriker
lebt derzeit in Lebensgemeinschaft mit Janine Vonach
Kinder: Das erste Kind kommt im Oktober 2013 zur Welt.
zweiter Geburtstag: 29. 5. 2003
Beruf: Sportler; Zoll
Arbeitgeber: Bundesministerium für Finanzen; Zollamt Wolfurt
Hobbys: Sport, Lesen (Krimis: Jo Nesbo, Henning Mankell,
Martin Suter ...), Kochen
Auto: BMW 330 XD
Rollstuhl: Schmicking
Schi/Bindung: Blizzard/Marker
Spitzname: Didl

Klub: RC Enjo VBG
im ÖSV-Kader: seit 2007
Behindertenklasse: LW 11
Behinderungsart: Querschnittlähmung TH12 komplett
Sportarten: Schi alpin, Basketball, Handbike, Triathlon

SEINE GRÖSSTEN ERFOLGE

WM-Medaillen	BRONZE Slalom – La Molina 2013	
1. EC-Sieg	März 2012/Superkombination Auron/FRA	
1. WC-Podest	Jänner 2012/Slalom Arta Terme/ITA	
2012/2013	Weltmeisterschaft La Molina – Spanien	BRONZE Slalom
		4. Platz Superkombination
	Weltcup	9. Platz Slalom gesamt
		10. Platz Riesentorlauf gesamt
		12. Platz Gesamtweltcup
	Europacup	2. Platz Slalom gesamt
2011/2012	Weltcup	4. Platz Slalom gesamt
		12. Platz Gesamtweltcup
	Europacup	3. Platz Slalom gesamt
		3. Platz Super-G gesamt
		1. Platz Superkombi gesamt
		3. Platz Gesamteuropacup
2010/2011	Weltmeisterschaften Sestriere Italien	11. Platz Slalom
		12. Platz Riesentorlauf
	Weltcup	8. Platz Gesamtweltcup
2009/2010	Paralympische Winterspiele Vancouver	13. Platz Slalom
		10. Platz Super-G
		15. Platz Abfahrt
	Weltcup	12. Platz Slalom gesamt
		8. Platz Super-G gesamt
2008/2009	Europacup	9. Platz Gesamteuropacup
		8. Platz Slalom gesamt
2007/2008	Europacup	20. Platz Gesamteuropacup
		7. Platz Slalom gesamt

Sämtliche Erfolge unter www.austria-skiteam.at

HELIOS IM PANDA

THOMAS GROCHAR

HELIOS IM PANDA

EINES IST THOMAS GROCHAR UND HELIOS GEMEIN: DIE LIEBE ZU IHREM WAGEN. BRAUST DER SONNENGOTT VON MORGENS BIS ABENDS MIT DEM SONNENWAGEN DURCH DIE GEGEND, SO IST THOMAS MIT DEM FIAT PANDA ODER NEUERDINGS MIT DEM GOLF UNTERWEGS.

Helios' Aufgabe ist es, den von vier Pferden gezogenen Sonnenwagen über das Firmament zu lenken, damit es bei uns Menschen Tag und Nacht wird. Er bringt Licht, Leben und Freude in unser Leben und verlässt uns am Abend wieder, um am nächsten Tag wiederzukehren. Und das in schöner Regelmäßigkeit.

RUHE, FREUDE UND GELASSENHEIT

Auch Thomas Grochar ist ein Mensch, der seine Bahnen zieht, unerschütterlich, nichts scheint ihn aus der Ruhe zu bringen. Auf seinem Weg bereitet er den Mitmenschen mit seiner angenehmen Art Freude, durch sein lebensbejahendes Naturell lässt er sich hier und dort nieder und versteht es, in geselliger Runde zu unterhalten oder einfach nur zuzuhören.

Seinen geliebten „Sonnen"-Wagen, einen Fiat Panda älteren Datums, musste er aus Altersgründen gegen ein etwas moderneres Vehikel, einen VW Golf, eintauschen. Mit diesem ist er jetzt in der Weltgeschichte unterwegs und verrichtet seine Arbeit bald auf dieser Piste, bald auf jenem Steilhang. Aber Ruhe und Gelassenheit sind immer mit ihm. Er ist wie der Lauf der Sonne: lichtbringend und verlässlich.

EIN EXOT AUF DER PISTE

THOMAS GROCHAR, JAHRGANG 1993, IST AUF DER PISTE IN SEINEM RENNDRESS FLOTT UNTERWEGS. KEINER WÜRDE GLAUBEN, DASS ER SEINE BRETTER ERSTMALS MIT 12 JAHREN ANGESCHNALLT HAT.

Denn Thomas wollte lieber Fußball spielen. „Aber mit meiner Behinderung ist das gar nicht so einfach. Der Schnellste bin ich nicht und das Talent hält sich auch in Grenzen", grinst er. Dafür ist er auf Schiern schnell. Das ist in Österreich eh viel wichtiger.

FEHLENDER OBERSCHENKEL

Thomas Grochar, geboren am 23. November 1993, kommt bereits mit seiner Behinderung zur Welt: Ihm fehlt der Oberschenkelknochen und das Wadenbein, sodass das Schienbein und der Vorfuß bereits ab der Hüfte beginnen. Der Grund? „Keine Ahnung", meint Thomas lapidar, „das interessiert mich auch nicht wirklich. Ändern kann man das sowieso nicht. Ich setze meine Energie lieber woanders ein." Hier schwingt ein gesunder Fatalismus mit, der zeigt, dass der junge Mann mit seinem Handicap kein Problem hat. Denn „man darf das Ganze nicht zu ernst nehmen. Ich habe zwar eine Behinderung, aber das ist noch lange kein Weltuntergang."

Thomas hat eine Zwillingsschwester, Pia, ihr fehlt am kleinen Finger das Mittelglied. Sonst nichts. Sagt Thomas. Ob sie eineiig seien? „Nein, wir sind zwei-, vielleicht sogar dreieiig", grinst er und spielt dabei auf die großen Unterschiede zwischen sich und seiner Schwester an. „Pia war immer eher der Schul- und Lerntyp, sehr musikalisch, überhaupt das komplette Gegenteil zu mir", erzählt er weiter, „vielleicht haben wir uns deshalb früher nicht immer ganz so gut verstanden." Wie das eben ist bei Geschwistern. Jetzt sei das anders. Pia lebt in Wien und so schafft die Distanz wieder Nähe.

NUR WER FÄLLT, STEHT WIEDER AUF

Die Eltern haben die beiden immer gleich behandelt, auch gleich wie nichtbehinderte Kinder. „Das war gut so", merkt Thomas an, „denn nur wer hinfällt, steht auch wieder auf." So zumindest war es bei Thomas. Er hat sich nie eine Sonderbehandlung erwartet und geht seinen Weg, ohne sich von seinem Anderssein irritieren zu lassen. Diese Normalität zieht sich auch in der Schule weiter. Nur im Sportunterricht ist es ein bisschen anders. Hier nützt Thomas seine Prothese ein ums andere Mal, um sich einen kleinen Vorteil zu verschaffen. Der Leitspruch seines Sportlehrers: „Ihr müsst laufen, bis die Sonne untergeht." Den Sonnenuntergang stellt sich Thomas aber etwas anders vor als der Lehrer, und so macht die Prothese beim Lauftraining immer wieder Mucken. Als aber dann der Fußball in die Mitte geworfen wird, ist das Prothesenproblem auch schon wieder erledigt. Thomas kämpft mit seinen Teamkollegen und den Gegnern leidenschaftlich um das runde Leder.

Nach dem Kindergarten besucht Thomas die Volksschule in Klagenfurt und schlägt dann den gymnasialen Weg ein, bis er merkt, dass das nicht seine Welt ist. Er wechselt in die Hauptschule und absolviert anschließend eine Lehre als Orthopädietechniker. Doch schnell merkt er: Dieser Beruf lässt ihm nicht genügend Zeit, den Sport so professionell zu betreiben, wie er es gerne möchte. Deshalb ist er seit 2013 beim Zoll beschäftigt und Mitglied dieses Sportmodells, das zahlreichen Teamkollegen die professionelle Ausübung des Sports ermöglicht.

EIN SPÄTZÜNDER

Thomas' sportliche Karriere verläuft atypisch und so viel anders als die vieler seiner Kollegen. Obwohl in Kärnten, einem klassischen Schiland geboren, steht er bis zu seinem zwölften Lebensjahr nicht auf Schiern. Fußball zu spielen ist sein Traum. Und so erkundigt sich die Mama, ob es nicht eine Möglichkeit für ihren Buben gibt, das Spiel wettkampfmäßig zu betreiben. Wenn Mütter solche Dinge in die Hand nehmen, kommt dabei immer etwas heraus: Sie wird fündig und so besucht der Sprössling das Training der Sitzfußballer. Damit legt sie den Grundstein zu einer hoffnungsvollen Karriere. Denn beim Sitzfußball spielen auch viele Schifahrer mit, die im Jungen das Interesse zu Österreichs Nationalsport wecken.

Mit 14 Jahren ist es soweit: Er wird auf die Rennstrecke geschickt, wo jetzt alles sehr schnell geht. Durch seine Erfolge im Jugendkader steigt er in der Saison 2011/12 direkt in den A-Kader auf, wo er langsam, aber sicher Fuß fasst und mit schöner Regelmäßigkeit seine Nominierung rechtfertigt. Seine Ziele für 2012/13 sind ein Podium im Europacup und die Teilnahme an der WM in La Molina. Das hat er schon im Jänner erreicht. Alles, was jetzt noch kommt, ist Draufgabe.

ES KOMMT, WIE ES KOMMEN MUSS

ALS WIR MIT THOMAS GROCHAR SPRECHEN, FRAGEN WIR IHN NACH SEINEM MASTERPLAN. THOMAS HAT DAFÜR EINEN EINZIGEN SATZ PARAT: „ES KOMMT, WIE ES KOMMEN MUSS."

So hält es Thomas schon Zeit seines Lebens: Er nimmt an, was das Schicksal für ihn parat hält. Ohne zu lamentieren, ohne zu jammern, aber mit Freude und Enthusiasmus, denn mit dieser Einstellung hat er schon viel Positives erlebt. So ist er zum einen, mehr durch Zufall als geplant, zum Schifahren gekommen. Dieser Zufall hat ihm trotz bereits fortgeschrittenen Sportleralters einen Platz im österreichischen Schinationalteam eingebracht.

VON DER ORTHOPÄDIE ZUM ZOLL

Aber auch Thomas weiß: Geschenkt ist nichts. Deshalb ergreift er jede sich ihm bietende Chance und treibt seine Karriere aktiv und mit Vehemenz voran. Er beendet im Herbst 2013 seine Lehre zum Orthopädietechniker und wechselt zum Zoll, um dort Teil des Sportkaders Finanz zu werden. Denn diese Arbeitsstelle bietet ihm die Möglichkeit, Sport in professionellem Umfang zu betreiben und daneben materiell abgesichert zu sein. Während seiner Lehrzeit musste er seine Trainings- und Renneinsätze mit Zeitausgleich, Urlaub und Sonderurlaub bestreiten. Für ein Privatleben blieb da keine Zeit mehr. Jetzt hat er die Möglichkeit, erfolgreich an seiner Laufbahn zu arbeiten.

Durch die ersten sportlichen Erfolge entstehen auch erste Kontakte zu Sponsoren, vielversprechende Verhandlungen sind im Gange. Als Ausrüster fungiert Atomic, ein Unternehmen, das ihm „immer wieder einen schnellen Schi auspackt". Darüber hinaus wird er von der Initiative „Kärnten Sport" unterstützt, die es sich zum Ziel gesetzt hat, jungen Talenten auf dem Weg zum Spitzensport zur Seite zu stehen. Neben diversen anderen Benefits gibt es auch Hilfe bei PR-Aktivitäten, für die Thomas sonst wenig Zeit hätte.

WENN DER JUNIOR MIT DEM SENIOR

Im Team versteht sich Thomas, dessen trockener Kärntner Schmäh uns ein ums andere Mal zum Lachen bringt, mit allen gut, besonders aber mit seinem Zimmerkollegen Philipp Bonadimann: Hier teilen sich zwei Sportlergenerationen ihr Lager, Junior und Senior kommen aber prächtig miteinander aus. „Ihm tut's gut", ist Thomas' trockener Kommentar.

Was ihn denn am Rennsport so reizt, wollen wir wissen. „Es ist die Gratwanderung, die mich fesselt. Du stehst mit einem Bein auf dem Podest, mit dem anderen im Aus. In jedem Rennen musst du die Grenzen neu ausloten. Dich entscheiden: Gehst du an der Grenze oder einen Schritt darüber hinaus", erklärt er. Hier hat tatsächlich kein Masterplan Platz. Thomas fährt auf Teufel komm raus. Und gerade in seiner Lieblingsdisziplin, dem Slalom, liegen Platzierung und Ausfall so nahe beieinander. Bis dato musste er seine Risikofreude noch mit keiner gröberen Verletzung bezahlen. Und so antwortet er auf die Frage nach einem Zeithorizont für seine Karriere: „Solange es körperlich irgendwie geht."

ZEITUNGLESEN UND FUSSBALL

Um sich seine Träume vom Erfolg zu erfüllen, ordnet er auch sein Privatleben dem Schifahren unter. Für Hobbys bleibt nicht viel Zeit, und wenn, dann haben sie mit dem Rennsport zu tun: Radfahren und Kraftsport in der Vorbereitung geben ihm die nötige Fitness, beim Fußball mit seinen Freunden kann er seinem Torhunger freien Lauf lassen und seinen Drang nach Bewegung stillen. Aber irgendwann sitzt auch Thomas ruhig, und dann liest er mit Begeisterung Zeitungen aller Art, besonders gern aber Sportmagazine, um zu erfahren, was in der Welt los ist.

Im Moment genießt Thomas noch sein Singleleben, er bezeichnet sich als „zufriedenen Einzelgänger", ist aber einem kleinen Flirt hie und da nicht abgeneigt. Aber wir wissen ja: „Es kommt, wie es kommen muss."

Auch seine Mitgliedschaft im Schiclub Petzen muss Thomas aufgeben, da er mit dem Team ständig auf Achse ist – Training, Trainingslager und Rennen fordern eben ihren Tribut – und er so am Vereinsleben nicht mehr aktiv teilnehmen kann. Doch Thomas fühlt sich wohl so, wie es ist. Er fühlt sich angenommen, tut das, was er tut, gut und gerne und hat noch viele erfolgreiche Jahre vor sich. Die Gesellschaft habe zwar noch Berührungsängste mit Behinderten, aber auch das werde immer besser. „Wir müssen auf die Menschen zugehen, ihnen zeigen, wie sie mit uns umgehen sollen. Das baut Ängste ab", ist Thomas überzeugt. Und: „Am coolsten sind kleine Kinder: Da gibt es kein Drumherum, kein Hintenherumfragen, sie stellen sich vor dich hin und wollen alles wissen. Das funktioniert am besten." Auch die Freunde gehen mit seiner Behinderung um, als wäre es die normalste Sache der Welt. „Nur manchmal schicken sie mich vor. Du hast eh schon was, ist die – nicht ernst gemeinte – Erklärung", grinst der Sportler.

Und so geht auch Thomas Grochar seinen Weg. Unbeirrbar, fatalistisch und mit einer gehörigen Prise Humor.

EMOTIONEN UND IMPRESSIONEN
AUS LA MOLINA 2013

GOLD UND ERFAHRUNG – EIN WAHNSINN

Ende Februar startete ich zu meiner ersten Großveranstaltung, der Weltmeisterschaft im spanischen La Molina. Dabei bekam ich die Chance, in den Disziplinen Riesentorlauf, Slalom, Super-G, Superkombination und dem Teambewerb an den Start zu gehen. Es begann mit einer kleinen Eröffnungsfeier mit Einmarsch, die für mich sehr beeindruckend war. Da es für mich die erste WM war, ging ich ohne große Erwartungen an mich selbst in die Rennen, mein Ziel war es, Erfahrungen zu sammeln und so viel wie möglich für die nächsten Jahre mitzunehmen.

Weil ich bei der Abfahrt, dem ersten Bewerb, nicht am Start war, nützte ich die Abfahrtstage – zwei Trainings und das Rennen – zum Slalomtraining. Mein erstes Antreten auf der Rennstrecke war der Super-G, ich merkte schon in der Früh bei der Besichtigung, dass es kein gewöhnlicher Tag sein würde, und so war die Anspannung größer als bei jedem Rennen, bei dem ich bislang am Start war.

Ich versuchte mich auf mich selbst zu konzentrieren, katapultierte mich auf die Piste, doch leider schied ich kurz vor dem Ziel aus. Im Riesentorlauf und im Slalom erging es mir nicht anders und speziell nach dem Slalom war ich sehr enttäuscht, da es ja meine beste Disziplin ist und ich mir einiges vorgenommen hatte.

Am letzten Tag nahm ich das Rennen im Teambewerb mit meinen Kollegen auf. Es fand in einer komplett neuen Form statt, während der Nacht wurde ein Skicross-Parcours mit Steilkurven, Sprüngen und Wellenbahn aufgebaut, der es in sich hatte. Das war für alle neu und keiner wusste so genau, welche Nation zu den Favoriten zählte. Nach einem spannenden Rennen konnten wir das Match für uns entscheiden und gewannen knapp vor den Teams aus den USA und Russland. Nicht nur das Team, sondern auch der ganze Betreuerstab waren überglücklich über diese Goldmedaille.

Alles in allem war es für mich eine sehr erfolgreiche Weltmeisterschaft, ich konnte einiges an Erfahrung für die Zukunft mitnehmen und der Gewinn einer Goldmedaille im Teambewerb bei der ersten Weltmeisterschaft war sowieso ein Wahnsinn.

Thomas Grochar

Beim Konditionstraining

THOMAS GROCHAR IN ZAHLEN

Geburtstag: 23. 11. 1993
Wohnort: Klagenfurt, Gotenweg 2
im ÖSV-Kader: seit 2009
Beruf: Zollangestellter
Behindertenklasse: LW 2
Behinderungsart: fehlender Oberschenkel seit Geburt
Schi: Atomic
Schuhe: Atomic
Brille/Helm: Uvex
Handschuhe: Ziener

SEINE GRÖSSTEN ERFOLGE

WM-Medaillen	GOLD Teambewerb – La Molina 2013	
1. EC-Podest	Dezember 2012/Slalom Pitztal/AUT	
1. int. Sieg	März 2011/Slalom Alleghe/ITA	
2012/2013	Weltmeisterschaften La Molina – Spanien	GOLD Teambewerb
		15. Platz Superkombination
	Weltcup	18. Platz Gesamtweltcup
		9. Platz Slalom gesamt
	Europacup	14. Platz Gesamteuropacup
		6. Platz Slalom gesamt
2011/2012	Europacup	24. Platz Gesamteuropacup
		19. Platz Slalom
2010/2011	IPCAS-Slalom Alleghe/ITA	1. Platz
	IPCAS-Slalom Kühtai/AUT	1. Platz
	Austriancup	4. Platz Jugend gesamt
2009/2010	Europacup Slalom Arta Terme/ITA	9. Platz
2008/2009	Austriancup	3. Platz Jugend gesamt

Sämtliche Erfolge unter www.austria-skiteam.at

DIE UMTRIEBIGE ARTEMIS

DANJA HASLACHER

DIE UMTRIEBIGE ARTEMIS

ARTEMIS IST EIN SCHÖNER NAME. GLAUBEN WIR ZUMINDEST. UND HAT GROSSE ÄHNLICHKEIT MIT DANJA. ZUFALL? ODER FINDEN SICH WEITERE PARALLELEN ZUR ANTIKEN GÖTTIN?

Eines vorweg. Bei Danja Haslacher und der Göttin Artemis Parallelen zu finden, liegt auf der Hand. Denn die beiden haben viel gemeinsam. Nicht nur den Namen. Den aber besonders.

Danja Haslacher stammt aus dem schönen Salzburg. Ist dort heute noch verwurzelt. Sie lebt in Thalgau im Flachgau. Der Ort ist nicht groß, nicht klein. Etwa 5500 Einwohner füllen ihn mit Leben. Und unter ihnen Danja. Als Bautechnische Zeichnerin in Salzburg tätig. Und ganz nebenbei eine der erfolgreichsten Behindertensportlerinnen überhaupt. Fünf Goldmedaillen bei den Paralympics sprechen eine beredte Sprache.

Obwohl nicht alles darauf hindeutete. Der Verlust eines Beines bei einem Vespa-Unfall trifft sie hart. Sie fragt sich, wie es weitergehen soll. Doch sie steht auf. Kämpft. Wird zu einer der erfolgreichsten Sportlerinnen in ihrem Bereich. Und zu einer Persönlichkeit, die andere mitreißt.

DANJA UND ARTEMIS

Wie die römische Göttin Diana, griechisch Artemis. Sie ist die Göttin der Jagd und des Mondes. Dazu gilt sie in der Antike als Beschützerin von Frauen und Mädchen. Artemis ist also eine Göttin, die wir nach heutigen Maßstäben als modern einstufen würden. Sie setzt sich durch und behauptet sich in einer klassischen Männerdomäne – der Jagd. Darüber hinaus nimmt sie ihre sozialen Verpflichtungen wahr und kümmert sich um ihre Geschlechtsgenossinnen, so sie Hilfe benötigen.

Danja Haslacher sieht das ähnlich. Nachdem sie sich in vielen Jahren durchgebissen hat, ist sie heute als eine der arrivierten Läuferinnen Ansprechperson für ihre Teamkolleg/innen. Außerdem hat Danja ein ausgeprägtes soziales Bewusstsein, das sie immer wieder an karitativen Aktionen teilnehmen lässt. Denn auch das ist Danja: erfolgreich und sozial – eben eine Persönlichkeit.

DAS LEBEN SCHULDET MIR NICHTS

ES GIBT AUGENBLICKE, DIE TEILEN EIN MENSCHENLEBEN IN EIN „DAVOR" UND EIN „DANACH". DERJENIGE VON DANJA HASLACHER LIEGT 25 JAHRE ZURÜCK.

Seit einem Verkehrsunfall lebt die Salzburgerin mit einer Prothese mit Kniegelenk. Ihr neues Leben hat sie „nach dem ersten Schock angenommen". Es hat Danja Haslacher zu einer der erfolgreichsten Behinderten-Schirennläuferinnen Österreichs gemacht. Fünf Mal Paralympics-Gold, ein WM-Titel und drei Gesamtweltcupsiege stehen bis heute zu Buche. Und der Hunger nach Erfolg ist auch mit 42 noch lange nicht gestillt.

Wenn's denn so sein muss, dann geht es oft sehr schnell. Mit der Vespa unterwegs, Kurve geschnitten. Schon war's passiert. „Nach dem Unfall lag ich auf der Straße, hatte einen Schock und als ich wach wurde, hörte ich eine Frau schreien: ‚Das arme Dirndl, der Fuß ist ab, der Fuß ist ab.' Als die Sanitäter die Bahre hingelegt haben, hoben sie mein linkes Bein extra darauf. Da wurde mir bewusst: ‚Mich hat es g'scheit erwischt'", denkt Danja Haslacher an jenen folgenschweren Tag im Sommer 1988 zurück.

JOHANNES PAUL II.

Sie wird mit dem Hubschrauber ins Spital geflogen, 13 Stunden lang operiert. Der große Schnitt befindet sich sieben Zentimeter unterhalb des Knies. Der Unterschenkel wird wieder angenäht. Ironie des Schicksals: Da der Papst zum selben Zeitpunkt Österreich besucht, wird eine wichtige Nachoperation fünf Tage verschoben. Der Vorrat an Blutreserven darf aus Sicherheitsgründen nicht aufgebraucht werden. Aus diesem Grund stirbt das Bein ab und muss doch amputiert werden ...

Als 17-Jährige hat man keine Ahnung, wie das Leben mit einer Prothese ablaufen soll. Wie auch? Gerade in dem Alter spielen andere Dinge eine Rolle, beschäftigt man sich mit anderen Themen. „Das war ein Schock und die große Panik ist kurz ausgebrochen." Die erste Prothese bestätigt die ärgsten Befürchtungen. „Schiach", erinnert sich Danja bis heute. Wie überhaupt das erste Jahr nach dem Unfall schlimm war. Aber aufgeben kommt für sie nicht in Frage. Trotzdem ist das Hineinfinden in die neue Situation alles andere als einfach. Es gibt so viele erste Male – die alten Freunde treffen, fortgehen, Sport betreiben.

WM in Südkorea 2009, SG-Silber

MIT VERLETZUNG ZU KÄMPFEN BEGONNEN

Eine große Hilfe in dieser Phase ist die Familie. „Die sind mit allem sehr un-
kompliziert umgegangen. Vor allem als ich nicht wusste, wo ich stehe." Die
erste Starre ist bald überwunden. Stütze gibt der Sport. Als Spross einer „Berg-
steigerfamilie, in der der Sport in der Hausordnung verankert war", hatte
Danjas Jugend aus Wandern, Klettern, Radfahren, Tischtennis und Schwimmen bestanden. „Mein Leben wäre auch ohne Verletzung in den Sport hinein-
gegangen", ist sie sich sicher, „aber nie so intensiv. Durch den Unfall bin ich
zur Kämpferin geworden und habe gelernt, was es heißt, sich durchbeißen
zu müssen."

Doch der Sport bedeutet für sie noch viel mehr: Ausgleich, Genuss, Überwindung, Fairness. Und die Bestätigung, etwas erreichen zu können: Zu ihren
größten Erfolgen bei Paralympics zählen zwei Mal Gold in Nagano 1998 und
drei Mal Gold in Salt Lake City vier Jahre später. Dazu kommen drei Gesamtweltcupsiege und gleich zehn Medaillen bei Weltmeisterschaften.

Dabei hatte die Schikarriere noch etwas holprig begonnen. Nach dem ersten
Kurs war sie „nicht gut genug für den Kader", ehe ihr dann in der Saison
1994/95 der Sprung direkt in die ÖSV-Mannschaft gelang.

NÄCHSTER STOPP: SOTSCHI

Die erfolgreiche Karriere von Danja Haslacher gerät verletzungsbedingt 2012/13 etwas ins Stocken. Nach einer schweren Verletzung in der Vancouver-Saison 2010 kämpfte sie sich in den Weltcup zurück. Ein neuerlicher Sturz beim Training wirft sie vor der Saison 12/13 wieder zurück. Doch aufgeben ist ein Wort, das Danja Haslachers Sprachschatz nicht kennt. Das nächste große Ziel heißt Sotschi 2014 – „und es wäre nicht ich, wenn ich mir nicht eine Medaille vorgenommen hätte". Mit einer Verletzung aufzuhören käme sowieso nicht in Frage, zumal „im Team sehr professionell gearbeitet wird und ich mich in der Gemeinschaft extrem wohl fühle". Das sei nicht immer so gewesen.

Diese Offenheit führt uns zurück an den Anfang unseres Gesprächs. Und zur Frage, was der Unfall 1988 geändert hat. „Ich bin ein anderer Mensch geworden", sagt sie. „Ich habe gelernt, mit meinem Problem zu leben. Und kann mich seitdem viel besser in andere hineinversetzen." Das helfe ihr enorm im Leben.

In einem Leben, dem sie nie die Frage gestellt hat, warum gerade ihr das passieren musste. Im Gegenteil. „Ich denke mir heute eher: Warum nicht ich. Man hört und sieht so viel: Unfälle, Krebs, andere Schicksalsschläge. Deshalb konnte ich nach dem ersten Schock auch meine neue Situation annehmen."

„DAS LEBEN SCHULDET MIR NICHTS"

So genießt sie heute jeden Tag. Der Sport spielt dabei immer eine zentrale Rolle. Wobei ihr die Natur bei jedem Wetter lieber ist als die Halle. „Mein Wohnort im Salzkammergut ist ideal für meine Hobbys. Vor allem fürs Mountainbiken und meine große Leidenschaft, das Schwimmen. Da kann ich so richtig abschalten." Und so „werde ich auch nach dem Ende meiner Schikarriere immer Sport machen". Herumliegen sei schließlich unproduktiv. Das Lächeln, das sie dieser Feststellung hinterherschickt, kommt aus tiefstem Herzen. „Ich bin zufrieden und mit mir selbst im Reinen. Das Leben schuldet mir nichts."

Und das ist vielleicht ihr allergrößter Sieg.

EINBLICKE

DAS LEBEN IST WIE EINE SCHAUKEL (Juli 2010)

... es geht immer wieder bergauf, aber nicht zu vergessen: auch wieder runter!! Seit dem Kurs im April hat sich im Prinzip sehr viel getan, ich bin „halbwegs" schmerzfrei, wenn ich auch nicht wieder ganze Nächte durchtanze!

... und weiter geht's!

Was ich damit sagen will, Totgesagte leben länger und aufgeben tut man einen Brief. Ich werde wie schon die letzten Jahre kämpfen, und sehen, wie es im Winter mit den Schmerzen wird. Ich habe alles für mich Mögliche erreicht. Und doch: Solange es Spaß macht, geht es für mich in der nächsten Saison weiter.

Quelle: www.danja-haslacher.com (News, 24. 4. 2013)

DANJA HASLACHER IN ZAHLEN

Geburtstag: 21. 12. 1970
Wohnort: Thalgau, Franz-Schoosleitnerstr. 38
im ÖSV-Kader: seit 1995
Beruf: Bautechnische Zeichnerin bei der Wildbach- und Lawinenverbauung
Behindertenklasse: LW 2
Behinderungsart: Knieexartikulation (Oberschenkelamputation)
nach Verkehrsunfall 1988
Hobbys: Mountainbiken, Schifahren, Schwimmen, Lesen, Tanzen, Musik und Fitnessstudio

Homepage: www.danja-haslacher.com
Schi: Head
Schischuh: Head
Brille/Helm: Uvex
Handschuhe: Ziener

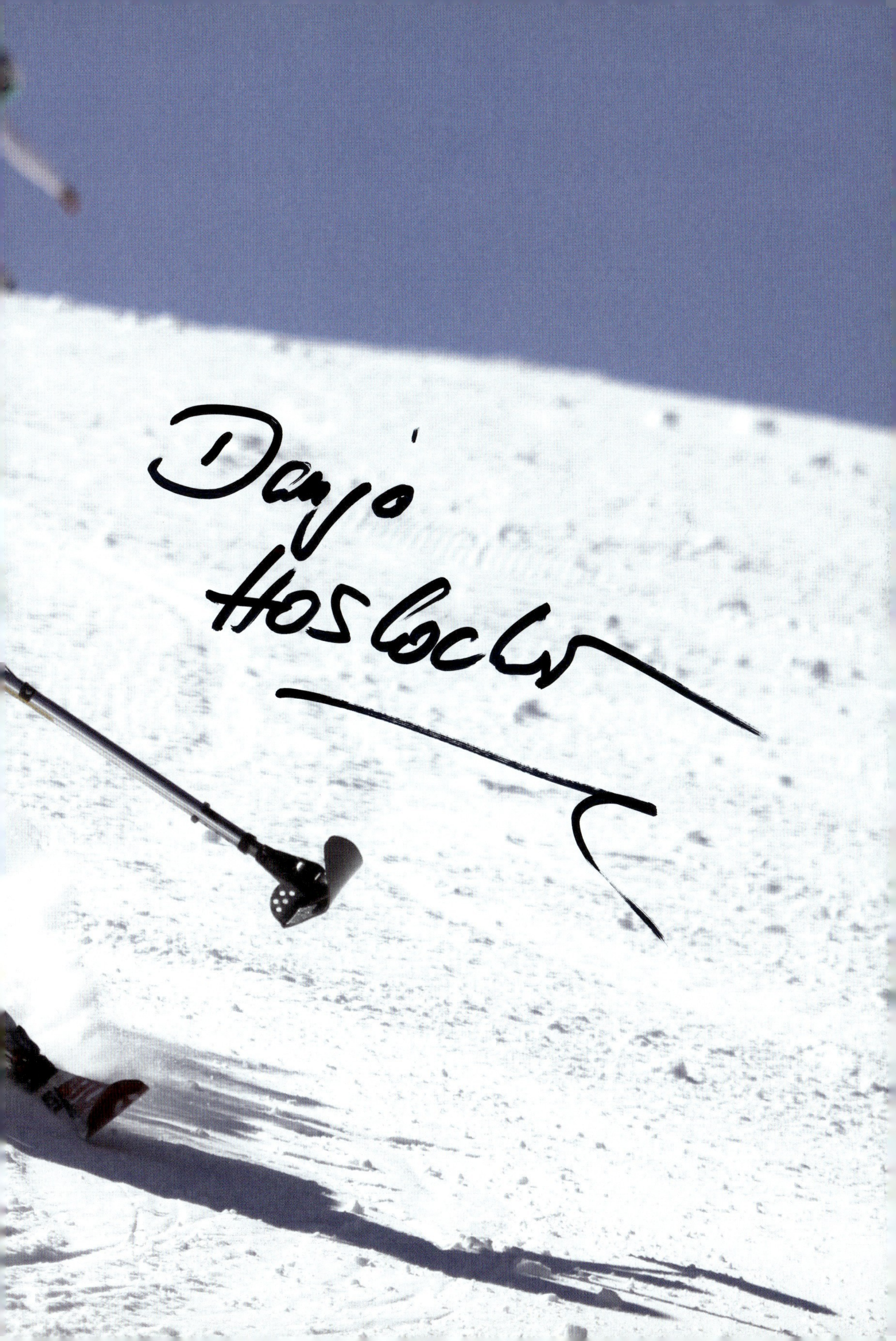

IHRE GRÖSSTEN ERFOLGE

Paralympische Medaillen	1 x Bronze Super-G – Turin 2006	
	3 x Gold SL/GS/DH – Salt Lake City 2002	
	2 x Gold Super-G/GS – Nagano 1998	
WM-Medaillen	2 x Silber Super-G/Team – Korea 2009	
	1 x Gold Super-G – Wildschönau 2004	
	2 x Silber DH/GS – Wildschönau 2004	
	3 x Silber DH/GS/SL – Anzere 2000	
	2 x Bronze Super-G/GS – Lech 1996	
Siegerin Gesamt-WC	Saison 2003/2004	
	Saison 2001/2002	
	Saison 1996/1997	
2012/2013	Verletzt seit Trainingsunfall Oktober 2012	
2011/2012	Weltcup	5. Platz Gesamtweltcup
	Europacup	2. Platz Gesamteuropacup
2010/2011	Weltmeisterschaften Sestriere – ITA	6. Platz Abfahrt
		5. Platz Super-G
2009/2010	Verletzt seit Trainingsunfall November 2009	
2008/2009	Weltmeisterschaft Korea	SILBER Super-G
		SILBER Teambewerb
2007/2008	Weltcup	5. Platz Gesamtweltcup
2006/2007	Weltcup	3. Platz Gesamtweltcup
	Europacup	EUROPACUPGESAMTSIEGERIN
2005/2006	Paralympics Turin – ITA	BRONZE Super-G
2004/2005	Weltmeisterschaft Wildschönau – AUT	GOLD Super-G
		SILBER Abfahrt
		SILBER Riesentorlauf
2003/2004	Weltcup	WELTCUPGESAMTSIEGERIN
2002/2003	Paralympics Salt Lake City – USA	GOLD Abfahrt
		GOLD Riesentorlauf
		GOLD Slalom

Sämtliche Erfolge unter www.austria-skiteam.at

FLIEG IN DER MITTE!

MATTHIAS LANZINGER

FLIEG IN DER MITTE!

DAS IST DAS, WAS DER ERFINDER DÄDALUS SEINEM SOHN IKARUS RÄT, ALS SIE VON DER INSEL KRETA IN DIE FREIHEIT FLIEHEN. DOCH DER JUNGE HÖRT NICHT. SCHLÄGT DIE RATSCHLÄGE DES LEBENSERFAHRENEN VATERS IN DEN WIND. ER HAT DIE GOLDENE MITTE VERLASSEN.

Matthias Lanzinger ist ein Mann in bestem Alter, der sein Leben kennt, seinen Weg geht, in der Mitte ruht. Auf dem Weg in den Sportolymp bremst ihn ein Unfall. 2008 in Kvitfjell stürzt Lanzinger so schwer, dass ihm der linke Unterschenkel amputiert werden muss. Der Traum scheint zu Ende, bevor er Fahrt aufgenommen hat. Matthias verabschiedet sich vom Sport, wie er ihn bis dahin kannte. Widmet sich seiner beruflichen Ausbildung, seinem Privatleben, Dingen, von denen er vorher nicht wusste, dass er sie vermisst. Matthias schafft sich eine neue Freiheit. Akribisch und genau plant er seine nächsten Schritte. Studium und Job sind das eine, Hochzeit, Hausbau und ein Kind das andere. Das Leben fügt sich. Wenn da nicht noch der unfertige Weg wäre.

AUS DER DURCHSCHNITTLICHKEIT

2011 ist es soweit: Matthias stellt sich seiner Herausforderung. Hat sie im Vorfeld geprüft und für gewichtig genug befunden. Fokussiert und detailverliebt, wie es Erfinder sind, die auf neuen Wegen forschen, neue Horizonte suchen. Die auf ihrem Weg so manchen Rückschlag in Kauf nehmen müssen. Die sich aber nicht aufhalten lassen, um ihr Leben, aber auch das ihrer Mitmenschen zu bereichern. Matthias gleicht hier Dädalus, dem Mann, der seinen Weg findet, der diesen Weg beschreitet und sich nicht abbringen lässt. Nicht durch Schicksalsschläge, nicht durch Verlockungen. Matthias tut nicht nur die richtigen Dinge, er tut diese Dinge richtig. Diese Kombination ist es, die Menschen aus der Durchschnittlichkeit hervorheben. Denn Erfolg lässt sich nicht in Ergebnissen messen, sondern er ist die Summe aller Schritte, die zu ihm führen.

KONSEQUENT NACH OBEN

MATTHIAS LANZINGER STAMMT AUS ABTENAU IN SALZBURG. DIE KINDER SAUGEN DORT DAS SCHIFAHREN MIT DER MUTTERMILCH AUF. SO AUCH MATTHIAS, DER BEREITS MIT DREI JAHREN AUF DEN BRETTERN STEHT.

Seine beiden Schwestern sind es, die ihren Bruder Matthias, geboren am 9. Dezember 1980, mit auf die Piste schleppen. Das logische Ergebnis: Matthias ist von Stund' an begeisterter Schiläufer. Bereits mit zarten fünf Jahren bestreitet er sein erstes Rennen für die Sportunion Abtenau.

SPASS AN DER FREUD'

In jungen Jahren stehen Spaß und Leidenschaft fürs Schifahren bei Matthias im Vordergrund. Mit zehn erliegt er zwar kurz den Verlockungen des Snowboards, mit dem er zwei Jahre lang über Salzburgs Pisten flitzt, um dann aber bald wieder zur alten Liebe, dem Alpinschilauf, zurückzukehren. Was ihn zurückgebracht hat? „Ich wollte mich wieder mit meinen Freunden messen. Es war der Wettkampf, der mich gereizt hat." Und so fährt Matthias kleinere Rennen. Seinen Trainern in Jugendjahren, darunter Charly Putz und Luggi Brunner, stellt Lanzinger ein gutes Zeugnis aus: Er bezeichnet seine ersten Mentoren als „professionell, engagiert und ehrgeizig", die in der Lage waren, eine gute Mannschaft aufzubauen. Mehr und mehr findet Matthias Gefallen daran, das Rennen gegen die Freunde und die Uhr aufzunehmen.

Dass der Rennlauf zunehmend Teil seines Lebens wird, zeigen die Erfolge, und so ist es nur ein weiterer logischer Schritt im Leben des Matthias Lanzinger, im Jahre 1994 in den Salzburger Landesschiverband zu wechseln, wo das Training professioneller, das Material besser und die Dimensionen größer werden. „Früher war ich im Sommer auf dem Fußballplatz und im Winter auf der Schipiste. Jetzt trainierte ich das ganze Jahr über für den Schisport, hatte viel mehr Schitage als zuvor", erzählt Matthias. Das verstärkte Training macht sich bezahlt, der junge Rennläufer ist in der Folge in seiner Altersklasse national im Spitzenfeld zu finden.

AM SCHEIDEWEG

Nach der Hauptschule in Abtenau stellen sich für Matthias zwei Fragen, die unmittelbar zusammenhängen: Welche schulische Laufbahn gilt es einzuschlagen und wie geht es mit dem Schifahren weiter? Matthias Wunschschule ist die HTL, doch die Trainer raten ihm ab. Schisport auf höchstem Niveau und Schule seien nicht vereinbar in dieser Form. Stattdessen spielt nun das Schigymnasium in Stams eine Rolle in Matthias Überlegungen. Der langen Rede kurzer Sinn: Er besteht die Aufnahmeprüfung und entscheidet sich damit für den Schirennsport.

In Tirol lernt er, was es heißt, Profi zu sein: Training und Schule an jedem Tag, dazu unzählige Schitage – Stams wird zu seiner Lebensschule. Er entwickelt den Ehrgeiz, besser zu werden als andere. „Ich war nicht das große Talent", erzählt der Athlet, „doch ich konnte mich Schritt für Schritt an meine Konkurrenten, die gleichzeitig meine Kollegen waren, herantasten. Ich erkannte, was mit akribischer, konsequenter Arbeit möglich ist." Auch sein Körperbau sei am Anfang zu schmächtig gewesen. „In den ersten Tagen haben die Trainer mich zu den Schispringern geschickt", erzählt er lachend. Und so tut er, was er am besten kann: beharrlich arbeiten, trainieren, der Schlendrian bleibt außen vor. „Ich habe nicht mehr gearbeitet als andere, aber immer zu hundert Prozent alles gegeben. Ich war wohl etwas konsequenter", sinniert Lanzinger über seine Erfolge. Und weiter: „Diese Konsequenz und Fokussiertheit, die mich auszeichnen, habe ich erst im Sport gelernt."

Die Eltern ermöglichen ihm die Ausbildung in Stams, unterstützen die Karriere aber nicht aktiv. Der Vater sieht das Tun des Sprösslings zu Anfang mit gemischten Gefühlen. Doch Matthias weiß: „Ich werde es schaffen." Auch in der Schule ist es nicht immer leicht, den Ansprüchen der Lehrer gerecht zu werden, doch Matthias ist ein Mensch, der heute wie damals mit seinen Aufgaben wächst und diese bewältigt.

INTERNATIONALE KARRIERE

1997 wird Matthias in den ÖSV aufgenommen, nach drei Jahren im Nachwuchskader – 2000 wird Lanzinger in Kanada Juniorenweltmeister in der Kombination und Vizeweltmeister im Slalom – kommt der nächste Sprung in den Europacup, wo, wie Matthias es formuliert, „ein anderer Wind weht". Die großen Erfolge im Nachwuchsbereich lassen sein Selbstvertrauen wachsen und ihn erkennen, dass auch er es bis an die Spitze schaffen kann. Doch vorerst heißt es noch warten. An der Spitze stehen Rennläufer wie Hermann Maier, Andreas Schifferer, Fritz Strobl und viele andere, die es durch ihre Erfolge den Jungen schwer machen, ganz nach oben zu kommen.

So kämpft sich Lanzinger einige Jahre durch den Europacup, 2004 hat er ein ausgezeichnetes Jahr mit dem Gewinn des Gesamteuropacups. Seine Platzierungen in den Einzeldisziplinen zeigen seine Konstanz: In Abfahrt und Riesenslalom belegt er den vierten Endrang, im Super-G gar den zweiten. Damit steht das Tor zum Weltcup weit offen, Matthias tritt ein und wird in seinem ersten WC-Super-G in Lake Louise 13. Trotzdem lässt der Durchbruch auf

Im Olympiazentrum Salzburg

sich warten. Die Arrivierten glänzen mit Topleistungen und fahren länger als erwartet. Dahinter gibt es ein junges, hungriges Europacup-Team, das zwar auf seinen Einsatz brennt, aber (noch) nicht an den Stars vorbeikommt. „Schwierig war zu dieser Zeit, Konstanz aufzubauen und diese dann zu halten", erzählt Matthias. Und: „Der dauernde Wechsel zwischen Europacup und Weltcup war ein nicht zu unterschätzender Faktor und nicht einfach für uns zu bewältigen."

GESICHERTE FINANZEN

Dazu kommt noch die finanzielle Situation, die keineswegs immer rosig ist. Bis zur Matura finanzieren die Eltern den hoffnungsvollen Rennläufer, anschließend muss er sich Gedanken über sein Auskommen machen. Über Sponsoren und Ausrüster bestreitet er seine EC-Einsätze, außerdem ist er als Zeitsoldat von 2001 bis 2005 beim Bundesheer, das ihm die Ausübung des Rennsports ermöglicht. „In dieser Zeit war klar: Jetzt musst du den Sprung vom Nachwuchsfahrer zur Spitze schaffen. Jetzt musst du zeigen, was du kannst", schildert Matthias. Der Ernst der Maschinerie, in der er sich bewegt, wird immer deutlicher. Doch er kommt gut damit zurecht, befindet sich auf einem stetigen Weg nach oben, bis der Unfall in Kvitfjell am 2. März 2008 seine Karriere als Profisportler beendet.

DER FEINE UNTERSCHIED

MATTHIAS LANZINGER IST EIN PROFI. IN ALLEM, WAS ER TUT. AUF DER PISTE, VOR DEM MIKROFON, IM BÜRO – ER ERLEDIGT SEINE AUFGABEN MIT HUNDERTPROZENTIGER HINGABE UND PROFESSIONALITÄT. AUCH SEINE ZWEITE KARRIERE IM SCHISPORT IST DAVON GEPRÄGT.

Grundsätzlich ist Matthias vom Schisport infiziert. Als Nationalsport Nummer eins besitzt der Schirennlauf in Österreich einen Stellenwert wie nirgends anderswo auf der Welt. „Bist du ein erfolgreicher Schifahrer, hast du gesellschaftliche Anerkennung", weiß Matthias Lanzinger. Mittlerweile ist das Drumherum im Weltcupzirkus so groß, dass auf jeden Läufer „im Durchschnitt ungefähr zwei Betreuer kommen und er auf eine unglaubliche Infrastruktur zurückgreifen kann". Der Weltcup mit seinen Veranstaltungen ist seit Jahren also ein Riesenevent, der durch die Berichterstattung in den Medien immer mehr gehypt wird.

DER FEINE UNTERSCHIED

Doch wie sieht es im Behindertenschilauf aus? Färben die Begeisterung und der Rummel um die Nichtbehinderten auf die Behinderten ab? Gibt es auch bei ihnen Veranstaltungen mit ähnlichem Eventcharakter? „Der feine Unterschied", erklärt Matthias, „ist die Reduktion auf das Wesentliche. Zwar wird im Behindertenschilauf ebenfalls mit professionellen Strukturen gearbeitet, doch hier steht noch der Sport im Mittelpunkt. Zuerst gibt es das Training und die Rennen und dann lange nichts. Wir vergleichen uns im sportlichen Wettkampf, und das macht unendlich viel Spaß." Zwar sind die Organisationsstrukturen in beiden Bereichen ähnlich – man fahre teilweise ja auf den gleichen Hängen –, doch im Behindertensport seien sie eben kleiner und damit familiärer. Um das Material müsse sich beispielsweise jeder selber kümmern. „Wer es bis nach oben schaffen will, muss im Behindertensport einen großen Aufwand betreiben. Auch bei uns sind Konsequenz und Selbstorganisation in hohem Maße gefordert. Der soziale Aspekt steht im Hintergrund. Was zählt, ist die Leistung, nicht das Schicksal des Einzelnen."

ZUNEHMENDE PROFESSIONALISIERUNG

Und deshalb sieht Matthias Lanzinger eine zunehmende Professionalisierung als einzige und richtige Chance, damit der Behindertensport eine in der

Öffentlichkeit anerkannte und populäre Sportart wird und bleibt. Nicht die
– teilweise zweifelsohne tragischen – Schicksale sind es, die im Vordergrund
stehen müssen, sondern der Sport und die Leistung. Und um eine größere
Breitenwirkung erzielen zu können, müsse eine starke Spitze entstehen und
sich etablieren.

Grundsätzlich haben sich, bestätigt Lanzinger, die Rahmenbedingungen
enorm verbessert. Er führt die Paralympics als positives Beispiel für eine um-
fassende Professionalisierung an. Um diese Spirale weiter nach oben zu treiben, seien natürlich auch Namen und Aushängeschilder – man denke an Alex
Zanardi, Oscar Pistorius oder eben auch Matthias Lanzinger – von großem
Vorteil. Solche Zugpferde eröffnen neue Möglichkeiten und eine neue Sichtweise auf einen Sport, der sich heute mehr denn je weiterentwickelt.

Als dritten Wegweiser in eine gute Zukunft erwähnt Lanzinger das Modell des
Zoll, das jungen Athleten die Möglichkeit gibt, ihren Sport vom Hobby zum
Beruf zu machen. Doch hinter all dem steht der Erfolg. Ohne Erfolg gibt es
keine Öffentlichkeit, kein Geld und kein Standing in der Gesellschaft.

NICHT AUS JUX

„Für mich war das immer ein wesentlicher Aspekt: Wenn ich wieder mit dem
Schirennsport beginne, muss das auf einer professionellen Ebene geschehen.
Für eine Juxpartie ist mir die Zeit zu schade", erzählt er. Und: „Unser Schiteam hat Potenzial. Die Teammitglieder sind jung, hungrig und wollen etwas
erreichen." Deshalb sei er hier. Und um für sich selbst herauszufinden: Was
geht noch? Was ist mein Körper noch imstande zu leisten?

Nach seinem Unfall 2008 war Matthias Lanzinger weg vom Sport. Brauchte
Distanz, wie er sagt. Er hat 14 Jahre seines Lebens dem Sport untergeordnet.
Hat die Ernährung dem Spitzensport angepasst. War an den Wocheneden auf
den Schipisten zu Hause statt mit den Freunden unterwegs. Jetzt genießt er
die Dinge, für die vorher keine Zeit war. Findet beruflich eine neue Herausforderung beim Sportartikelerzeuger Salomon und absolviert ein Masterstudium
an der Privatuniversität Schloss Seeburg in Seekirchen am Wallersee, wo er
zuvor sein Bachelordiplom erworben hat. Er ist befreit vom Rennstress.

EINE NEUE HERAUSFORDERUNG

2013 SCHLIESST MATTHIAS LANZINGER DAS BACHELORSTUDIUM AN DER PRIVATUNIVERSITÄT SCHLOSS SEEBURG AB. DOCH EINEN ANDEREN WEG WILL ER BIS ZUM ENDE GEHEN, SICH NOCH EINEN TRAUM ERFÜLLEN: SOTSCHI 2014 SOLL DAS ZIEL SEIN.

Beruflich ist Matthias auf einem guten Weg. Doch auch sportlich will er es noch einmal wissen. „Die Zeit ist gekommen, sich mit den ehemaligen Kollegen im ÖSV über deren Erfolge zu freuen. Sie haben ihre Medaillen, ihre Kugeln gewonnen. Es war für mich ein tolles Gefühl zu sehen, dass sie ihren Weg gegangen sind. Doch werden sie sich auch mit mir freuen können? Mein Weg ist noch nicht zu Ende."

DIE MEDAILLE IN SOTSCHI

Der Traum vom ganz großen Erfolg ist bei Matthias Lanzinger immer noch da: eine Medaille bei den Paralympics. Doch diese Medaille ist nur ein Symbol dafür, was mit Akribie und Ehrgeiz möglich ist. Und so reift die Idee, im Behindertensport Fuß zu fassen. In Sotschi 2014 sein Glück zu versuchen. Dabei ist es eben nicht die Medaille per se, die ihn antreibt, sondern die Erfahrung, wie weit der Körper noch belastbar ist. Was der Körper noch vermag. „Natürlich wusste ich: Ich kann mit meinem Comeback wenig gewinnen und viel verlieren. Wenn ich gewinne, wäre das nichts Besonderes. Wenn ich verliere, dann hätte ich versagt. Das wäre von außen gekommen. Doch diese Dimension des Denkens liegt mir fern. Es ist nicht relevant, was die anderen über mich denken. Wichtig bin ich als Person."

Denn Matthias Lanzinger definiert sich nicht über den Schisport, sondern über seine starke, nachhaltig denkende und agierende Persönlichkeit. Und deshalb hat er auch einen Freundeskreis, der mit dem Schisport gar nichts zu tun hat. „So verlierst du nie den Boden unter den Füßen, bleibst geerdet. Und deshalb konnte ich bei meinem Comeback gar nicht verlieren. Denn die Familie und mein Freundeskreis sind mein Halt im Leben." Ein weiterer Grund, der ihn treibt: „Ich möchte mir mit vierzig nicht die Frage stellen müssen: Hätte ich es geschafft oder nicht." Deshalb gab es 2011 das Comeback des Matthias Lanzinger.

WENN DER KOPF STÄRKER ALS DER KÖRPER WIRD

Matthias steigt wieder ins Training ein, merkt aber schnell, dass der Körper nicht mehr so belastbar ist wie früher. Er muss ihn wieder neu kennenlernen, wie er es selbst beschreibt. Limits gab es bis dato nur im Kopf, jetzt ist es umgekehrt: Der Kopf kennt keine Grenzen mehr, dafür muss der Rest etwas leiser treten. Den alten Körper wie zu seiner Glanzzeit gibt es nicht mehr. Die neue, große Herausforderung: Was und wieviel kann ich noch machen? Wie passe ich ihn an das an, was noch möglich ist? Denn: „Den alten Schwung kann ich heute nicht mehr setzen."

Matthias ist sich schon vor dem ersten Rennen klar, dass er nicht antritt, um gleich vorne mitzumischen. Sein Anspruch ist es, sich heranzutasten, so wie er es auch früher gemacht hat. Um dann den nächsten Schritt zu tun. Trotzdem geht alles schneller als erhofft. Die ersten Siege stellen sich bereits in der Saison 2011/12 ein. Doch noch hat er sein Ziel nicht erreicht. Er weiß, dass noch vieles möglich ist, dass die Entwicklung nach oben offen ist.

Wichtig sei nicht so sehr die avisierte Goldmedaille in Sotschi 2014. Wichtig sei vielmehr, am Start zu stehen und die Leistung abzurufen, die möglich ist. Nicht das Gieren nach der Medaille, nicht das Ergebnisdenken führt zum Erfolg, sondern das fokussierte Abrufen dessen, wozu man fähig ist.

EIN LEBEN NACH DEM SPORT

Auch für die Zeit nach dem Sport weiß Matthias Lanzinger, was er will. Im Moment ist das Studium der Betriebswirtschaftslehre ein Schritt in seine berufliche Zukunft. Nebenbei arbeitet er beim Sportartikelerzeuger Salomon Amer Sports in einem jungen, dynamischen Team, in dem er schon sehr viel gelernt hat, wie er uns erzählt. Dieser Beruf bietet ihm den finanziellen Rückhalt, das zu tun, was er gerne tut. Überhaupt sei in seinem neuen Leben viel passiert: Es habe sich eine ganz neue Herangehensweise ergeben: Jetzt hat er die Sicherheit, bei einer Verletzung ins Büro gehen zu können, um dort seinen Job zu erledigen. Er kann Sport treiben, muss es aber nicht, wie er sich ausdrückt. Das sei der Unterschied zu früher. Und: „Die zweite Karriere ermöglicht es mir, Dinge zu tun, die ich wirklich will. Sie gibt mir ein großes Stück Freiheit." Erfolge seien nicht mehr so wichtig, denn diese Seifenblase könne schnell zerplatzen. „Wer das weiß, kann damit umgehen." An Nummer eins stehen bei Matthias Lanzinger seine Familie und sein Freundeskreis: Sie sind die Konstante in seinem Leben. Von ihm können wir lernen. Fürs Leben.

MATTHIAS LANZINGER IN ZAHLEN

Geburtstag: 9. 12. 1980
Adresse: Salzburg
Klub: Sportunion Abtenau
im ÖSV-Kader: seit 2011 (Behindertenschilauf)
Beruf: Student; selbstständig
Behindertenklasse: LW 4
Behinderungsart: Amputation des linken Unterschenkels
Hobbys: Motorrad fahren, Fußball, Tennis

Schi: Salomon
Schuhe: Salomon
Brille/Helm: Salomon
Schistöcke: Leki
Handschuhe: Ziener
Homepage: www.lanzi.at

ÜBER MATTHIAS LANZINGER

ICH HATTE EINE VISION

„Ich hatte eine Vision. Ich wollte immer schon zur Weltspitze gehören, irgendwann bei einer Weltmeisterschaft oder bei Olympia eine Medaille gewinnen. Diese Vision ist am 2. März 2008 zerstört worden. Aber jetzt stehe ich – wenn man es so formulieren kann – wieder mit beiden Beinen im Leben." Der Super-G von Kvitfjell vor dreieinhalb Jahren sollte die Karriere von Matthias Lanzinger im alpinen Schirennsport abrupt beenden. Mehr noch. Die Ärzte bangten zunächst um das Leben des Salzburgers, gerettet konnte es nur mit einer Amputation des linken Unterschenkels werden.

Lanzinger hat sich nie aufgegeben, nach der Rehabilitation suchte er sich neue Aufgaben. Der 30-Jährige begann ein Wirtschaftsstudium, bekam bei seiner Schifirma Salomon die Gelegenheit, im Marketing zu arbeiten. Sponsor Gaulhofer hielt ihm auch nach dem fatalen Sturz die Treue. Lanzinger übte sich obendrein auch als Kolumnist. Und blieb hautnah am Weltcup-Geschehen. „Ich wollte mir zuallererst ein neues Standbein schaffen." Demonstrativ verwendet Lanzinger solche Redewendungen.

Quelle: www.lanzi.at/30-0-Matthias-Lanzinger-Der-Traum-von-der-zweiten-Karriere-.html; 11. 2. 2012

DIE RICHTIGEN DINGE RICHTIG MACHEN!

…

SPORTALPEN.COM: IN FRÜHEREN INTERVIEWS HAST DU GESAGT, DASS DICH DAS RENNFAHREN IM MOMENT NICHT REIZT. WAS HAT DEINE MEINUNG BEEINFLUSST?

Matthias Lanzinger: Direkt nach dem Unfall war es ganz wichtig, den Fokus weg vom Sport zu nehmen. Ich habe mich zuerst einmal auf den Beruf und die Uni, also die Karriere danach, konzentriert. Der Zugang zum Sport ist jetzt ein ganz anderer, weil ich weiß, wie mein Weg danach aussieht. Ich bin ja jetzt im Berufsleben und kann den Sport machen, „muss" es aber nicht. Viel früher hätte ich aufgrund der Belastung des Beins allerdings auch gar nicht wieder einsteigen können. Eines wusste ich aber schon von Anfang an: Wenn ich wieder fahren sollte, dann richtig!

…

SPORTALPEN.COM: SPRECHEN WIR KURZ ÜBER DEN UNFALL IN KVITFJELL 2008. WAS HAST DU DIR GEDACHT, ALS DU NACH DER OP DEIN BEIN DAS ERSTE MAL GESEHEN HAST?

Matthias Lanzinger: Es war ein extrem ungewohnter Anblick, als ich aus dem Tiefschlaf erwacht bin. Ich habe aber gleich das Positive gesehen. Für mich war es in dem Augenblick sogar eine Erleichterung, weil ich mir anfangs dachte, ich sei querschnittsgelähmt, da ich meine Beine nicht spürte. Natürlich wusste ich auch, dass mein Leben wie es bisher war, vorbei ist. Das war schon niederschmetternd. Relativ schnell wurde mir aber klar, dass ich die meisten Dinge trotzdem weitermachen konnte.

…

SPORTALPEN.COM: WELCHE ROLLE SPIELT DIE PROTHESE JETZT GENERELL IN DEINEM LEBEN?

Matthias Lanzinger: Eine der wichtigsten! Mit ihr steht und fällt meine Lebensqualität. Das habe ich heuer im Sommer sehr eindrucksvoll vor Augen geführt bekommen. Entzündungen im Stumpf haben dazu geführt, dass ich nicht mehr in die Prothese konnte. Da fühle ich mich dann schon behindert, weil sich im Alltag Probleme ergeben.

Quelle: www.sportalpen.com/matthias-lanzinger-interview.htm; 11. 2. 2012

EMOTIONEN UND IMPRESSIONEN
AUS LA MOLINA 2013

UNVERGESSLICH!

Es sollte der vorläufige Höhepunkt meines Comebacks werden. Die Vorbereitung auf die Saison war schwierig, da ich immer wieder Probleme mit Entzündungen an meinem Stumpf hatte. Nach einer OP im Oktober galt die volle Konzentration der WM. Die Vorbereitung im November und Dezember war dann trotz der schwierigen Umstände sehr gut und die ersten Weltcup-Rennen liefen viel besser als erwartet. Mit vier Siegen kam ich zur WM und wollte diese Form natürlich auch in Spanien in den Rennen umsetzen. Dann kam das erste Abfahrtstraining, mehr als ein zweiter Platz war auf dieser flachen Strecke für mich nicht möglich. Daher war mir schnell klar, dass es in Abfahrt und Super-G „nur" um Silber gehen würde.

BRONZE UND SILBER ALS BELOHNUNG

Am Abend folgte dann die nächste Ernüchterung, mein Stumpf hatte sich wieder entzündet und ich bekam eine Schwellung, groß wie ein Golfball. War die WM nun für mich gelaufen? Das nächste Training musste ich auslassen, um den Stumpf zu schonen. Am Mittwoch war die Abfahrt geplant, um die Chance auf eine Medaille zu wahren, wollte ich das Rennen unbedingt fahren. Mit Krücken zur Piste humpelnd, zwängte ich mich in die Prothese und versuchte das Rennen in Angriff zu nehmen. Im Starthaus war ich in Gedanken schon auf der Strecke, der Schmerz plötzlich völlig ausgeblendet. Eine solide Fahrt brachte mich zur Bronzemedaille, eine unglaubliche Befriedigung für all die Vorkommnisse in der Vorbereitung.

Am nächsten Tag stand der Super-G auf dem Programm, das Prozedere war ähnlich wie am Vortag. Der Stumpf wurde und wurde nicht besser, aber beim Rennen gelang es mir wieder, alles auszublenden. Der schöne Lohn war die Silbermedaille. Jetzt kamen meine Spezialdisziplinen. Ich hegte große Hoffnung, dass es bei den nächsten Rennen noch besser klappen könnte, doch der nächste Rückschlag ließ nicht auf sich warten. Am Abend überfiel mich eine Erkältung und zwang mich, das Bett zu hüten. War nun die WM wirklich vorbei? Den Slalom musste ich wegen der Erkältung auslassen, die letzte Chance, eine Goldmedaille zu holen, war für mich der letzte Bewerb, der RTL.

GOLD GLÄNZT BESONDERS SCHÖN

Um nach drei Tagen im Bett wieder etwas auf Touren zu kommen, entschied ich mich, die Superkombi zu fahren, zumindest den Super-G. Nach einem guten zweiten Platz entschloss ich mich doch, den Slalom zu fahren, und versuchte all meine Kräfte noch einmal zu mobilisieren. Der Lauf gelang mir perfekt, im Ziel konnte ich es kaum fassen: GOLD! Ich hatte es also doch geschafft, woran ich bei dieser WM schon fast nicht mehr geglaubt habe – eine GOLDmedaille.

Der RTL am nächsten Tag sollte noch eine Draufgabe sein, technisch schwierig sollte mir der Hang entgegenkommen, jedoch war der Zielhang derart vereist, dass ich mit meiner Prothese kaum Halt fand und im zweiten Durchgang ausfiel.

Somit ging die WM mit einer kompletten Farbensammlung an Medaillen zu Ende, die Umstände, wie ich sie gewonnen habe, werde ich sicher nie mehr vergessen.

Matthias Lanzinger

SEINE GRÖSSTEN ERFOLGE

WM-Medaillen	GOLD Superkombination – La Molina 2013	
	SILBER Super-G – La Molina 2013	
	BRONZE Abfahrt – La Molina 2013	
1. WC-Sieg	Jänner 2013/GS Sestriere	
1. EC-Podest	Februar 2012/2.Pl.DH Tignes/FRA	
1. Ipcas-Sieg	Dezember 2011/GS Kühtai/AUT	
1. int. Rennen	November 2011/3.Pl.SL Landgraaf/NED	
2012/2013	Weltmeisterschaft La Molina – ESP	GOLD Superkombination
		SILBER Super-G
		BRONZE Abfahrt
	Weltcup	2. Platz Gesamtweltcup
		2. Platz Slalom gesamt
		2. Platz Riesentorlauf gesamt
		3. Platz Abfahrt gesamt
		3. Platz Abfahrt gesamt
2011/2012	Europacup	11. Platz Gesamteuropacup
		2. Platz Abfahrt gesamt
	Europacup	8. Platz Superkombination ges.
		11. Platz Super-G gesamt
		17. Platz Slalom gesamt
	Einstieg in den Behindertenschilauf	

Sämtliche Erfolge unter www.austria-skiteam.at

WEISE WIE PALLAS ATHENE

CLAUDIA LÖSCH

WEISE WIE PALLAS ATHENE

CLAUDIA LÖSCH IST AUF DER UNIVERSITÄT GENAUSO ZU HAUSE WIE AUF DEN SCHIPISTEN DER WELT. 2013 BEENDET SIE IHR ERSTES STUDIUM UND BEGINNT DAS NÄCHSTE. IHRE STRATEGISCHEN FÄHIGKEITEN BRINGEN SIE IM SPORT UND IM LEBEN NACH VORN.

Denn Claudia Lösch hat sich von Pallas Athene, der griechischen Göttin der Weisheit, so manches abgeschaut. Diese gilt in der griechischen Mythologie als Patronin der Weisheit, der Strategie und des Kampfes, ist aber gleichzeitig auch die Schutzgöttin von Athen, der Königin der Städte. Wenn Claudia Lösch über ihre Zukunft spricht, weiß sie genau, was sie will.

ES GIBT NOCH ANDERES

Doch wer erwartet, sie wolle noch soundso viele Medaillen, der sieht sich getäuscht. Claudias Fokus geht viel weiter. Natürlich hat sie sportlich noch so manches Ziel. Natürlich möchte sie noch dies oder jenes gewinnen. Aber nur mehr bis 2018. Und dann ist Schluss. Definitiv. Dann beginnt ein neues Leben. Dieses Leben bereitet sie jetzt schon vor. Durch ihre Studien legt sie den Grundstein, einmal in wichtigen Fragen mitreden zu können. Nicht nur als Wählerin an der Urne.

Sie wird in naher Zukunft über die Durchführbarkeit von Bestimmungen und Gesetzen mitreden. Als Absolventin der Uni und als Spitzensportlerin. Deshalb erkennt sie schon sehr früh: Seilschaften sind gut und notwendig. Durch ihre offene Art, ihre innovativen Lösungsstrategien und ihren Fokus stößt sie bei Menschen auf offene Ohren. Kann sie für ihre Ideen begeistern. Pallas Athene konnte es nicht besser.

VON DER PISTE INS FERNSEHEN

IM JAHR 2013 SCHLIESST CLAUDIA LÖSCH IHR ERSTES STUDIUM AB: POLITIKWISSENSCHAFTEN IN INNSBRUCK. UM SICH DANN MIT ENTHUSIASMUS UND EIFER IN DIE NÄCHSTE AUFGABE ZU STÜRZEN: JUS.

Dabei hat Österreichs erfolgreichste weibliche Behindertensportlerin sonst fast nichts zu tun: Sie ist Athletenvertreterin, moderiert in Wien eine Fernsehsendung und bastelt auch sonst noch an ihrer Zukunft. Und noch etwas: Sie fährt Schi. Und das äußerst erfolgreich.

JOURNALISTIN ODER JURISTIN?

Aber alles der Reihe nach: Im Herbst 2013 beendet Claudia ihr Bachelorstudium an der Universität Innsbruck. Aber Journalistin möchte sie eigentlich nicht werden. „Schreiben ist nicht unbedingt meines", hat sie erkannt, „einen guten Text zu schreiben, zu recherchieren, gute Gesprächspartner zu finden, all das ist sehr aufwendig. Außerdem sind die guten Jobs im Journalismus dünn gesät. Um da hineinzukommen, bedarf es großer Anstrengungen und noch besserer Beziehungen."

Viel mehr reizt sie die Juristerei. Sie hat bereits mehrere Prüfungen hinter sich und möchte Ende 2013 den ersten Abschnitt unter Dach und Fach haben. Viel fehlt nicht mehr: Römisches Recht und Strafrecht, alles andere ist bereits erledigt. Woher der plötzliche Sinneswandel kommt? „Plötzlich war das nicht, diese Idee schwirrt mir schon seit Langem im Kopf. Mit einer juristischen Tätigkeit habe ich viel eher die Möglichkeit, gesellschaftspolitisch etwas mitzubewegen", ist sie sich sicher. Nicht nur in sportpolitischen Fragen sieht sie ihre Zukunft, sie habe ja den Background von drei Seiten: die Studien Politikwissenschaften und Jus und ihre Tätigkeit im Spitzensport. Wer wäre also besser dazu geeignet, sich diesem Metier zu nähern? Außerdem sind Fachleute, die die aktuelle Politik im Hintergrund vorbereiten und unterstützen, für sie ein ganz wichtiger Aspekt, um auch in der Gesellschaft fundiert und mit Nachhaltigkeit etwas bewegen zu können. Und so sieht sie ihre Zeit ab spätestens 2018 in diesem Bereich, denn das dürfte wohl das Ende ihrer aktiven Karriere als Sportlerin sein, betont sie.

DIE WELTMEISTER-WG

Doch so weit ist es noch lange nicht. An erster Stelle steht im Moment das Schifahren. Und das mit außerordentlichem Erfolg. Vier Medaillen bei den Paralympics 2010 in Vancouver und viermal Gold bei den Weltmeisterschaften 2013 in La Molina sprechen für sich und für die erfolgreichste WG im Weltcupzirkus. Denn ihre Freundin, die Deutsche Andrea Rothfuß, mit der sie eine Wohnung in Innsbruck teilt, ist ebenfalls sehr ambitioniert unterwegs. Konkurrenz kennen die beiden keine, denn sie sind in unterschiedlichen Klassen unterwegs: Claudia sitzend, Andrea stehend. So können sie sich gemeinsam freuen.

SINN FÜR TRANSPARENZ UND LOYALITÄT

Nebenbei ist Claudia, wie erwähnt, auch Athletenvertreterin. Sie wurde nach Vancouver in dieses Amt gewählt, ihr Stellvertreter ist Philipp Bonadimann. Die beiden repräsentieren die Athleten in verschiedenen Gremien: dem ÖBSV, dem ÖPC und gegenüber dem Betreuerteam. „Zu zweit kämpft es sich leichter als allein", weiß sie von diversen Diskussionen zu berichten. Es sei immer wieder interessant zu sehen, was hinter den Kulissen alles passiere, und so ist sie beinahe wöchentlich bei verschiedenen Sitzungen in Wien. Gewählt sind die Vertreter grundsätzlich für vier Jahre, doch sei man immer wieder froh, wenn die Athleten ihre Aufgabe länger wahrnehmen.

Überhaupt verbringt Claudia zunehmend Zeit in Wien, denn seit diesem Jahr moderiert sie auf ORF Sport Plus die Sendung „Ohne Grenzen", ein Magazin, das sich ausschließlich mit dem Behindertensport beschäftigt. Zusammen mit dem Schwimmer Andreas Onea steht sie vor der Kamera, ist für Anmoderation und Interviewführung zuständig und findet sich in ihrer Rolle immer besser zurecht. Mittlerweile hängt ihr Konterfei im Foyer des ORF-Zentrums am Küniglberg. „Neben Raimund Löw", wie sie stolz betont. Die Sendung dauert eine halbe Stunde, für die Produktion brauche das Team etwa zwei bis drei Stunden. „Aber es wird immer besser", strahlt sie, „wir bekommen jetzt sogar unser eigenes Sprechtraining und unsere eigene Garderobe." Also doch Journalistin? „Das passt für jetzt. Die Zukunft sieht anders aus", wehrt sie ab. Claudia Lösch ist eben eine Frau, die weiß, was sie will.

EIN AUTOGRAMM, BITTE!

DAS, WAS CLAUDIA LÖSCH IN DER ZEIT SEIT VANCOUVER ERLEBT HAT, SIEHT DIE SPITZENSPORTLERIN ALS GROSSE CHANCE FÜR DEN BEHINDERTENSPORT INSGESAMT. DIE ZUNEHMENDE PROFESSIONALISIERUNG SORGT FÜR EINE GESTEIGERTE PRÄSENZ IN DER ÖFFENTLICHKEIT.

Dabei sind gerade einmal drei Jahre seit Vancouver 2010 vergangen. Und doch hat sich in diesen Jahren viel getan. Als Beispiel nennt sie die Berichterstattung in London 2012 oder das Magazin „Ohne Grenzen", das sie selbst moderiert. Im Vergleich seien die öffentlich-rechtlichen Sender in Deutschland zwar noch besser unterwegs, doch Österreich hole auf.

SPONSORING IMMER NOCH SCHWIERIG

Trotzdem sei die Sponsorensuche immer noch ein schwieriges Unterfangen. Mit den Erfolgen könne man international mithalten und bewege sich im Spitzenfeld, doch was das Budget betrifft, sei man noch weit von dieser Spitze – Kanadier, US-Amerikaner und Skandinavier – entfernt. Als Beispiel führt sie die beiden Teambusse an, die heuer bereits zweimal abgeschleppt werden mussten. Jeder, wie sie betont.

Dafür habe sie als erfolgreiche Einzelsportlerin durchaus Erfolge in diesem Bereich. Mit ihrem Kopfsponsor Wüstenrot ist sie überglücklich und lobt die exzellente Zusammenarbeit. Woher die gesteigerte Wahrnehmung und das Interesse kommen, wollen wir wissen. „Das hat mehrere Gründe", erklärt Claudia Lösch, „zum einen hat die Gesellschaft erkannt, dass auch Behindertensport spannend sein kann und großen Unterhaltungswert hat. Der Sport und die Veranstaltungen werden zunehmend attraktiver und professioneller, das hat natürlich Auswirkungen auf den Werbewert." Zu dieser Professionalisierung hätten Sportler wie Matthias Lanzinger und Alex Zanardi in hohem Maße beigetragen. Trotzdem sieht sie die Gleichstellung des Behindertensports mit den Nichtbehinderten mit gebotener Vorsicht.

Doch insgesamt genießt Claudia – wie auch ihre Teamkollegen – die zunehmende Präsenz und Popularität, durch die sie in der Öffentlichkeit immer wieder erkannt und auch um Autogramme gebeten wird. Sei es nun in Innsbruck auf dem Christkindlmarkt oder beim Einkaufen, es macht sie immer wieder stolz, auf ihre außergewöhnlichen Leistungen angesprochen zu werden. Zudem sind jetzt auch die Spitzensportler der Behinderten seit 2012 in die Sporthilfe eingegliedert und sie selbst Mitglied des Olympiazentrums Innsbruck, wo sie vermehrt mit Nichtbehinderten trainiert. Überhaupt sei das

Lösch im Interview

Verhältnis zu den ÖSV-Läufern ein sehr kollegiales und entspanntes. Besonders mit Elisabeth Görgl und den Schi-Crossern kommt Claudia gut aus. Und so fühlt sie sich im ÖSV gut aufgehoben und ist froh, die Strukturen dieses einflussreichen und gut strukturierten Verbandes nutzen zu können.

HEUTE FÜR MORGEN

Wie erwähnt soll das Jahr 2018 die sportliche Deadline in Claudias Karriere sein. Anschließend wird sie sich mit ihren beiden Studienabschlüssen sachpolitischen Fragen stellen und dort, wo sie gefragt ist, ihre Meinung und Erfahrung einbringen. Ehe und Familie lässt sie auf sich zukommen, da legt sie sich nicht fest. „Innsbruck als Lebensmittelpunkt würde mir schon gefallen", erzählt sie, „aber ich würde auch gerne die Welt sehen." Dass dieser Wunsch Realität wird, davon sind wir überzeugt. Denn Claudia Lösch pflegt zu erreichen, was sie sich vornimmt.

ZIELSTREBIG MIT SINN FÜR HUMOR

EIN BESUCH IN INNSBRUCK LOHNT SICH – BESONDERS, WENN MAN EINEN TERMIN MIT CLAUDIA LÖSCH HAT. WIR TREFFEN SIE IN IHRER WOHNUNG IN DER BRIXNER STRASSE 3. EINE GEMÜTLICHE UNTER-KUNFT, GROSS UND HELL UND VOLL VON MEDAILLEN, TROPHÄEN UND URKUNDEN.

„Die sind nicht alle von mir", meint Claudia bescheiden, als sie unsere Ehr-furcht bemerkt. Schwesterlich geteilt seien die vollen Vitrinen und Regale. Unser Erstaunen erkennend lüftet sie schnell das Geheimnis: Die andere Hälfte der Auszeichnungen geht auf das Konto ihrer Mitbewohnerin Andrea Rothfuß – eine äußerst erfolgreiche WG mit zahlreichen Paralympics-, Welt-meisterschaftsmedaillen und Weltcup-Kristallkugeln. Ehrfürchtig halten wir eine der vielen Kugeln in Händen, hängen uns eine Medaille um. Wir erfüllen uns einen Traum so vieler Österreicher – einmal im Leben eine Medaille oder eine Kugel! Wie muss das Gefühl für Claudia gewesen sein, als sie nach einem erfolgreichen Rennen den ihr gebührenden Lohn in Empfang nehmen durfte?

DAS UNGLÜCK

Der Weg dahin ist lang und steinig und nimmt seinen Anfang im Jahre 1994, als Claudia sechs Jahre alt ist. Seit einem frontalen Crash im Oktober auf der B4 bei Großweikersdorf im Weinviertel ist das junge Mädchen bereits im Rollstuhl. Ihre Mutter und die Geschwister kommen glimpflich davon: eine Gehirnerschütterung bzw. ein Knöchelbruch sind Verletzungen, die verheilen. Doch für die kleine Claudia geht die Sache nicht so gut aus: Sie ist seit diesem Unfall querschnittgelähmt. Genauer kann sie sich heute an den Unfall nicht mehr erinnern, einzig das Gesicht des Mannes, der sie aus dem Wrack birgt, ist ihr noch im Gedächtnis. Wer glaubt, Claudia klage über eine tragische Kindheit, der irrt. In ihrer unbekümmerten Art meint sie nur, dass sie schnell mit den neuen Lebensumständen vertraut war. Denn Kinder lernen schnell. Und so klettert sie bereits nach kürzester Zeit vom Boden in den Rollstuhl, ein Prozedere, für das Erwachsene wesentlich länger brauchen.

SCHULE? – EIN KINDERSPIEL

An die Schulzeit hat sie gute Erinnerungen. Von den Mitschülern wird sie behandelt wie jedes andere Kind auch – einmal besser, einmal schlechter.

Lediglich die Direktorin der Volksschule äußert ihre Bedenken vor Claudias Schuleintritt: Sie befürwortet eine Einschulung in die Sonderschule. Doch Eltern und Bürgermeister, der an ihrer Seite steht, setzen sich durch: Claudia besucht die reguläre Volksschule trotz aller baulichen Barrieren und meistert diese mit Bravour. Rückblickend stellt sie fest, dass die Standards betreffs barrierefreiem Bauen in den USA wesentlich höher seien als bei uns – und sie spricht aus polyglotter Erfahrung. Auf die Frage, wie denn die Freundinnen in ihrem Umfeld auf ihre Behinderung reagiert hätten, muss sie grinsen: Probleme habe es nicht deswegen gegeben, sondern aus einem anderen, viel simpleren Grund: Sie seien einfach nur „Zuagraste" gewesen in einer „City" mit knapp 400 Einwohnern. Die Mutter aus Kärnten, der Vater aus Wien, war der Lebensmittelpunkt schnell gefunden – es musste das schöne Waldviertel sein, wo sich die Familie niederließ.

DIE MONOSCHI-INFEKTION

Im Lauf der Jahre entwickelt das Bewegungstalent Claudia einen immensen sportlichen Ehrgeiz. Die Schule macht ihr keine großen Probleme, und so hat sie Zeit für andere Dinge. Die Infektion mit der Droge Monoschi erfolgt im Jahre 1996. Claudia ist gerade einmal sieben Jahre alt, da sieht sie im ORF in einer Zusammenfassung der Behinderten-Schi-WM in Lech 1996 Jürgen Egle, Andi Schiestl, Klaus Salzmann und die anderen Asse die Piste in halsbrecherischer Fahrt herunterbrettern. „Das will ich auch", ist sie überzeugt. Und so belegt sie im Jahre 1998 ihren ersten Monoschikurs – und ihre ersten Lehrer sind Andi Schiestl, Alois Praschberger und Gerda Pamler, die sie gleich fürs Rennfahren begeistern – eine Nachwuchshoffnung ist geboren. Da Claudia nicht unbedingt aus einer Schifahrerfamilie kommt, hält sich die Begeisterung der Eltern anfangs in Grenzen. Doch sie unterstützen ihre Tochter nach Kräften, begleiten sie auf die Schikurse und lernen teilweise selber das Schifahren, obwohl sich die Mutter einmal das Bein bricht. So steht Claudia nun mit neun Jahren auf der Piste: Der Pistenfloh bringt nur 20 kg auf die Waage, der Monoschi übertrifft sie mit seinen 25 kg. Doch das Training, das Talent und der Ehrgeiz tragen Früchte: Bereits im Jahr 2000 erfolgen die ersten Renneinsätze bei den Tiroler und niederösterreichischen Meisterschaften. In der Zwischenzeit geht Claudia seit 1999 auf das Gymnasium in Horn. Der Wechsel in diese Schule ist – im Gegensatz zur Volksschule – gar kein Problem. Direktion und Land bzw. Bund sind den behindertengerechten Adaptionen der Schule gegenüber sehr aufgeschlossen und unterstützen diese Bestrebungen, sodass der Schulbesuch für Claudia fast schon zum Vergnügen wird. Die Klassengemeinschaft in all den acht Jahren schildert sie als sehr kooperativ, auch die Lehrer treten ihren sportlichen Ambitionen sehr offen gegenüber, sodass 60 bis 70 Fehltage pro Schuljahr kein Problem darstellen. Claudia dankt dieses Entgegenkommen mit tollen Leistungen und schließt die Matura mit Auszeichnung ab. Einzig das „Gut" in Mathematik ist ein kleiner Schönheitsfehler. Claudia hat es leicht verkraftet.

DER WECHSEL AN DEN INN

Ab 2007 steht das Studium auf dem Programm. Bei der Wahl des Studienortes ist eines klar: Die Berge müssen in der Nähe sein. So übersiedelt Claudia nach Innsbruck und studiert Politikwissenschaft. So zielstrebig wie in der Ausbildung ist Claudia auch im Sport. 100 Tage im Jahr ist sie auf Schnee, außerdem: „Die Konkurrenz schläft nicht!", meint sie nur grinsend mit einem Blick auf ihre Wohnungsgenossin. Um dann 2010 in Vancouver (fast) alles abzuräumen, was es abzuräumen gibt: zwei Goldmedaillen, eine Silberne und eine Medaille aus Bronze. In Erinnerung bleiben die überschäumende Freude und Lebenslust nach dem Zieleinlauf und der Überreichung ihrer Preise. Zweifellos – Claudia ist ein lebenslustiger, offener und positiver Mensch, der zielstrebig seinen Weg verfolgt, den Blick aber immer wieder nach links und nach rechts wendet, um den Lebenswert und die Schönheit der Welt zu sehen und aufzunehmen.

CLAUDIA LÖSCH IN ZAHLEN

Geburtstag: 19. 10. 1988
Wohnort: Innsbruck, Brixnerstr. 3/405
zweiter Geburtstag: 7. 10. 1994
Klub: SVS Allensteig/NVSV
im ÖSV-Kader: seit 2002
Beruf: Studentin
Behindertenklasse: LW 11
Behinderungsart: Querschnitt nach Verkehrsunfall
Hobbys: Monoschi, Handbike, Basketball, Lesen, Sprachen, Ausgehen

Schi: Atomic
Monoschi: Praschberger
Brille/Helm: Uvex
Handschuhe: Ziener

IHRE GRÖSSTEN ERFOLGE

Paralympische Medaillen	GOLD Slalom – Vancouver 2010
	GOLD Super-G – Vancouver 2010
	SILBER Superkombination – Vancouver 2010
	BRONZE Abfahrt – Vancouver 2010
	BRONZE Abfahrt – Turin 2006
WM-Medaillen	4 x GOLD – La Molina 2013
	3 x SILBER – Sestriere 2011
	2 x BRONZE – Sestriere 2011
	2 x SILBER – Korea 2009
Gesamt-WC-Siegerin	Saison 2008/2009
	Saison 2009/2010

2012/2013	Weltmeisterschaft La Molina – ESP	GOLD Super-G
		GOLD Superkombination
		GOLD Riesentorlauf
		GOLD Teambewerb
	Weltcup	2. Platz Gesamtweltcup
		1. Platz Riesentorlauf gesamt
	Europacup	2. Platz Gesamteuropacup
2011/2012	Study Break in der gesamten Saison	
2010/2011	Weltmeisterschaft Sestriere – ITA	SILBER Superkombination
		SILBER Slalom
		SILBER Riesentorlauf
		BRONZE Abfahrt
		BRONZE Super-G
	Weltcup	3. Platz Gesamtweltcup
2009/2010	Paralympische Winterspiele Vancouver	GOLD Slalom
		GOLD Super-G
		SILBER Superkombination
		BRONZE Abfahrt
	Weltcup	GESAMTWELTCUPSIEGERIN
	Europacup	Europacupgesamtsiegerin
2008/2009	Weltmeisterschaft Korea	SILBER Riesentorlauf
		SILBER Superkombination
	Weltcup	GESAMTWELTCUPSIEGERIN
		1. Platz Slalom gesamt
		1. Platz Superkombination ges.

Sämtliche Erfolge unter www.austria-skiteam.at

ERFRISCHEND WIE DIONYSOS

CHRISTOPH PRETTNER

ERFRISCHEND WIE DIONYSOS

CHRISTOPH PRETTNER SITZT VOR UNS. DEN BERÜHMTEN SCHALK IM NACKEN, GROSS VON GESTALT, SELBSTBEWUSST IM AUFTRETEN. DUNKELHAARIG UND VERSCHMITZT, BEWEIST ER UNS EIN UMS ANDERE MAL IM GESPRÄCH, WIE SCHÖN UND WERTVOLL DAS LEBEN DOCH IST. FAST WIE DIONYSOS, DER GOTT DER LEBENSFREUDE, MEINEN WIR.

Einst trat Dionysos als einer ihrer letzten in den Kreis der Olympier. Sein Vater Zeus empfing ihn mit warmer Fürsorglichkeit. Zum Dank brachte Dionysos frischen Wind in das Leben der Götter, denn er war der Lebensbejaher. In seiner unbändigen Liebe zu Natur und Genuss zeigte er seinen Mitstreitern, was Leben doch alles sein könne. Sogleich umscharten ihn zahlreiche, vor allem weibliche Fans, unter anderem die Mänaden, die ihn so gerne begleiteten.

In seinem Dasein gelang es Dionysos immer wieder, Götter und Menschen durch seinen Humor und seine Lebensweise zu erheitern und ihnen auch einen Teil ihrer täglichen Sorgen zu nehmen. Doch war er darüber hinaus auch schlau und zielstrebig, was er ein ums andere Mal unter Beweis stellte.

So durften wir den blinden Speedspezialisten Christoph Prettner kennenlernen. Humorvoll, immer einen Scherz auf den Lippen brachte er uns oft zum Lachen und nahm uns mit seinen Erzählungen gefangen. Wie er schon von Kindesbeinen an seine Umgebung unsicher machte, hatte oft etwas Schalkhaftes. Dabei gelang es ihm aber immer wieder – das warf er zumindest des Öfteren ein –, seiner Umgebung die Sorge um ihn zu nehmen. Wo Christoph auftaucht, ist der Kärntner Schmäh nicht weit. Beeindruckt von so viel Lebensfreude und Zielstrebigkeit ist dieser junge Mann, der sich innert kurzer Zeit in Österreichs Elite der Behindertenschifahrer etablieren konnte, nicht nur für Sportler und Mitmenschen seiner Altersklasse ein Vorbild. Auch wir ließen uns von seiner wunderbar erfrischenden Art gerne anstecken. Tauchen auch Sie, geneigter Leser, in die wunderbare Welt des Christoph Prettner ein.

DER BLINDE AUF DEM FUSSBALLPLATZ

NEIN, NICHT WAS SIE GLAUBEN. DER SCHIEDSRICHTER IST NICHT GE-MEINT. EIN JUNGER BUB SPRINTET ÜBER DEN PLATZ. VERFOLGT DEN BALL, ALS GÄBE ES KEIN MORGEN. DIE LEIDENSCHAFT DES SPIELS ZERRT AN IHM, DAS GEGNERISCHE GEHÄUSE ZIEHT IHN MAGISCH AN. EIN SAT-TER SCHUSS, DAS NETZ BAUSCHT SICH. JUBEL BRANDET AUF.

Die Spieler der U 12 des SV Afritz liegen sich in den Armen. Freuen sich. La-chen. Klopfen ihrem Mitspieler auf die Schulter. Der Junge reißt die Arme in die Höhe, blickt gen Himmel. Seine Miene offenbart Freude und Begeisterung. Doch sein Blick geht ins Leere, als die Sonnenstrahlen sein Antlitz berühren. Ein Mitspieler fasst ihn sanft am Ellbogen, wendet ihn vom Sonneneinfall ab. Er führt ihn zum Mittelkreis, wo sich die Gegner mit hängenden Köpfen auf den neuerlichen Anstoß vorbereiten.

Der Junge, sein Name ist Christoph Prettner, hat sich wieder auf seiner Posi-tion – er ist Angreifer – eingefunden. Das Spiel dauert nicht mehr lange, die Jugendlichen um Christoph zerreißen sich, um das Ergebnis über die Runden zu bringen. Da ertönt ein gellender Pfiff. Der Schiedsrichter beendet mit einer herrischen Geste das Spiel und fordert den Ball, um ihn in seine Obhut zu bringen. Jubelnd verlassen die jungen Kicker das Spielfeld. Ein Spieler aber steht im Mittelpunkt. Es ist Christoph, der seinen Platz an der Sonne genießt. Doch sehen kann Christoph nicht viel vom Rummel, der ihn umgibt. Er ist beinahe blind. Auf seinem linken Auge ist ihm eine Restsehstärke von gerade einmal fünf Prozent geblieben. Das rechte Auge ist eine Prothese. Trotzdem bewegt er sich so, als ob es keine Behinderung gäbe. Auch für die Mitspieler, Zuseher und Besucher des Spieles scheint diese Tatsache keiner besonderen Erklärung zu bedürfen. Denn Christoph hat sich bereits in frühester Jugend in die Gemeinschaft integriert, als ob es das Normalste auf der Welt wäre. Und seine Umgebung hat von ihm gelernt, weiß damit umzugehen.

Das war im Jahre 2001. Heute steht Christoph auf seinen Schiern wie selbst-verständlich. Meistert die schwierigsten Abfahrten der Welt mit weit über 100 Stundenkilometern. Begleitet nur von seinem Guide, der ihm mit kurzen Kommandos den Weg weist. Er hat einen Weg beschritten, der für ihn selbst-verständlich, für andere unverständlich, für uns bewundernswert ist.

DIE WELT MIT ANDEREN AUGEN

KOMMT EIN KIND AUF DIE WELT, IST DIE FREUDE UNBESCHREIBLICH. IST DAS KIND KRANK, IST DIE SORGE UNBESCHREIBLICH. IST DAS KIND BLIND, ZERBRICHT EINE WELT. DOCH CHRISTOPH PRETTNER UND SEINE FAMILIE HABEN DIESE WELT WIEDER AUFGEBAUT. MIT ANDEREN AUGEN.

Am 27. Juni 1989 erblickt Christoph Prettner in Villach in Kärnten das Licht der Welt. So glauben es zumindest Ärzte, Personal und die Eltern. Überglücklich nimmt die Familie ihren Jüngsten mit nach Hause. Er entwickelt sich wie seine Geschwister Martin und Marina: Er isst, trinkt, schreit, befüllt seine Windeln – macht alles, was ein Kleinkind eben macht. Und doch ist etwas anders. In der Gehschule zeigen sich erste Anzeichen dieses Andersseins. Der Junge stößt immer wieder gegen verschiedenste Hindernisse. Als diese Unfälle zunehmen, packen die Eltern kurzentschlossen ihren Buben und bringen ihn nach Klagenfurt zum Augenarzt Dr. Konrad Unterkircher. Eine gute Entscheidung, wie sich schnell herausstellt.

Der Arzt diagnostiziert einen bösartigen Tumor am Sehnerv des kleinen Christoph. Er hätte dem Jungen beide Augen entfernen müssen, verweist die Eltern aber an die Universitätsklinik in Essen. Der Christophorus-Hubschrauber wird noch am selben Tag angefordert, Christoph in die Uniklinik überstellt. Nach schlussendlich über 30 Operationen und Laserbestrahlungen gelingt den Ärzten das schier Unglaubliche: Der Tumor wird erfolgreich entfernt, das rechte Auge muss zwar geopfert werden, im linken Auge aber wird eine Glaslinse implantiert, so können etwa fünf Prozent Sehstärke gerettet werden. Doch selbst diese letzten fünf Prozent Sehstärke stellen die Ärzte vor ein Rätsel: Die Hornhaut sei so vernarbt, dass niemand genau sagen könne, wo Christoph eigentlich noch hinaussehe.

GLÜCK IST RELATIV

Und so nimmt er sein Schicksal gelassen: „Eigentlich habe ich noch Glück im Unglück gehabt", meint Christoph, „der Tumor ist entfernt, ich brauche keine Medikamente mehr und das Restrisiko ist minimiert. Und zu sterben wäre wohl auch nicht besonders elegant gewesen." Auch das ist eine Seite von Christoph Prettner: Sein Humor, mag er auch manchmal makaber sein, heitert seine Mitmenschen auf und lässt alles in einem weniger dramatischen Licht erscheinen.

Dabei hat Christoph lange Zeit selbst nicht gewusst, was ihm eigentlich in seiner Kindheit widerfahren ist. Erst mit 22 Jahren geht der junge Mann seinem Schicksal auf den Grund. Als die Familie wieder einmal beisammensitzt, stellt Christoph seine Fragen. Nachdem jedes Familienmitglied seine Version der Geschichte erzählt hat, kann sich der junge Mann sein eigenes Bild machen. Natürlich war ihm bewusst, dass irgendeine Krankheit sein Augenlicht zerstört haben muss. Natürlich war ihm klar, dass irgendetwas Schlimmes passiert ist. Natürlich war offensichtlich, dass sein Schicksal nicht alltäglich war. Doch jetzt fügt sich das Puzzle endlich zusammen.

EIN AHA-ERLEBNIS

„Ich erinnere mich, als ich als Volksschüler mit meinen Eltern in Essen in der Uniklinik ankam. Es gab ein großes Hallo, alle begrüßten mich wie einen alten Bekannten. Doch ich hatte keine Ahnung, wer all die Menschen waren, die sich so nett um mich kümmerten. Und so schloss ich: Ich muss schon öfter hier gewesen sein." Aus Erzählungen erfährt Christoph, dass seine Erkrankung einen tiefen Einschnitt in das Leben der Familie Prettner bedeutet hat. Die Mama habe den Führerschein gemacht, um ihn fahren zu können. Schlimm müsse es auch für die Geschwister gewesen sein, meint er grinsend. Sie seien, während das Nesthäkchen in Essen war, immer von zu Hause ausquartiert worden, was ihnen nicht so geschmeckt habe.

Für die Mutter war es nicht immer leicht loszulassen, besonders als Christoph nach der Hauptschule in eine Schule für Sehbehinderte nach Wien wechselte. Und so begann er mehr und mehr, den Vater auf den gemeinsamen Reisen nach Essen auszuhorchen, um mehr über sein Schicksal zu erfahren. Heute weiß Christoph alles über seine Behinderung. Und er lebt mit ihr, als wäre sie das Normalste auf der Welt.

EIN PRETTNER EROBERT DIE WELT

EIN KÄRNTNER BESUCHT DIE SCHULE IN WIEN, ARBEITET IN INNSBRUCK UND FÄHRT MIT SEINEN SCHIERN DURCH DIE HALBE WELT. UND DAS PRAKTISCH OHNE AUGENLICHT. EINE GESCHICHTE MIT POTENZIAL.

Familie Prettner lebt in Afritz am See, einer kleinen Gemeinde mit etwa 1400 Einwohnern mitten in den Nockbergen, nur wenige Kilometer von der slowenischen Grenze entfernt. Hier kennt jeder jeden. Bereits mit drei Jahren rutscht Christoph auf den Schiern die Hänge der Nockberge hinab und verbringt viel Zeit im Schnee. Der Vater ist im Schigebiet Verditz tätig, und so darf der kleine Christoph immer wieder in den verschiedensten Schikursen mitfahren, was in ihm die Liebe zu Österreichs Nationalsport weckt.

Doch ziemlich schnell sind dem unternehmungslustigen Jungen die Anfänger „zu fad", deshalb macht er bereits im Volksschulalter die Pisten des Verditz „mit seine Freind" unsicher. „Das klingt wie eine normale Kindheit", meint Christoph verschmitzt, „doch da waren schon einige haarige Situationen dabei. Das hätte die Mama nicht wissen wollen." Die Mama ist es, die immer wieder beunruhigt aus dem Fenster blickt, wenn Christoph noch nicht zu Hause ist. Aber sein Schutzengel habe sich gut um ihn gekümmert, ist sich der junge Springinsfeld sicher. Wenn er im Dunkeln am Morgen alleine zur Schule gehen muss, weil die Freunde verhindert sind, fahren ihm die Eltern nach, um sicherzugehen, dass auch ja nichts passieren kann, erzählt er weiter. Das habe er sehr wohl bemerkt, trotzdem – oder vielleicht gerade deshalb – ist er ihnen dankbar für die Umsicht und Fürsorge, die sie ihm angedeihen ließen.

SCHULE? – NO PROBLEM

Volks- und Hauptschule waren für Christoph überhaupt kein Problem und eigentlich eine schöne Zeit, wie er selbst betont. War in den ersten beiden Klassen der Volksschule noch eine Stützlehrerin für ihn im Klassenzimmer anwesend, so absolvierte er die restlichen Jahre in Volks- und Hauptschule ohne nennenswerte Störungen. Die Infrastruktur war gut, er arbeitete bereits mit acht Jahren mit dem Computer und die Schulbücher waren für ihn vergrößert. „In der Hauptschule hatte ich einen tollen Banknachbarn", erinnert sich Prettner, „er las halblaut vor, während er gleichzeitig ins Heft schrieb, ich notierte alles mit und so waren wir immer früher fertig als die anderen." Ob das immer gut war, lässt Christoph offen.

Nach der Hauptschule zog es ihn mit 15 Jahren nach Wien, wo er eine spezielle Schule für Sehbehinderte besuchte. Das sei ein Kinderspiel gewesen, meint er rückblickend. Der Stoff wurde so oft erklärt, bis ihn alle verstanden. Und so verbrachte er drei entspannte Jahre in der Bundeshauptstadt und beendete die Schule mit dem Handelsschulabschluss – noch dazu mit einem passablen Zeugnis, wie er betont. In seiner Freizeit betätigte sich Christoph als Schwimmer und kam erstmals mit dem Behindertenschilauf in Berührung. Zuvor war er in Kärnten mit anderen Sehbehinderten und einem Schilehrer unterwegs gewesen, aber den Schilauf professionell zu betreiben, dieser Gedanke kam ihm erst in Wien, als er eingeladen wurde, an einem Rennen teilzunehmen. So war er 2003 das erste Mal rennmäßig mit einem Guide unterwegs – und wurde Vizestaatsmeister. Der Rest ist Geschichte.

OLYMPIASTADT INNSBRUCK

Mit 18 Jahren heißt es für Christoph aber noch einmal zurück nach Klagenfurt, wo er bei der Bezirkshauptmannschaft seine Brötchen verdient. Doch wie aus dem Nichts meldet sich Michael Knaus, seines Zeichens ÖSV-Referent für Behindertenschilauf, bei ihm: Er könne sich in Innsbruck beim Zoll bewerben, damit mehr Zeit für seine sportlichen Ambitionen bleibe. Kurz entschlossen nimmt sich Christoph nach nur zwei Wochen seinen ersten nichtvorhandenen Urlaubstag, braust nach Innsbruck und bewirbt sich um diese Stelle. Nach nicht einmal zwei weiteren Wochen kommt das O. K.: Er kann anfangen. Jetzt hält es ihn nicht mehr in Klagenfurt. Er packt seine Siebensachen und reist aufs Geratewohl nach Innsbruck, wo er über den Blindenverband ein Zimmer in einer WG erhält. Jetzt ist Christoph angekommen. Seit einiger Zeit wohnt er in seiner eigenen Wohnung und fühlt sich pudelwohl in Innsbruck, der Stadt der Olympier, wo er beste Trainingsbedingungen vorfindet und nach Herzenslust seiner Passion – dem Schifahren – nachgehen kann. Die Welt hat sich für Christoph in der Zeit seiner Karriere noch weiter geöffnet: Er kennt mittlerweile die verschiedensten Pisten, die mondänsten, aber auch die verschlafensten Orte der Alpen. Er hält sein Leben in der Hand.

UNTERWEGS IM STRASSENDICKICHT

SIE STEHEN AN DER KREUZUNG. ES IST NACHT. DER REGEN SPIEGELT DIE LETZTEN LICHTER AUF DEM DUNKLEN ASPHALT DER STRASSE. WENN KEIN AUTO PASSIERT, HERRSCHT SCHWARZ – FINSTERES, UNDURCH-DRINGLICHES SCHWARZ.

Wenn Sie das sehen, sehen Sie so viel wie Christoph Prettner. „Grundsätzlich kann ich mich auf der Straße gut orientieren", wiegelt Christoph im Gespräch seine Sehschwäche ab. Am Tag ist er alleine unterwegs, zeigt keine Scheu vor stark befahrenen Kreuzungen und kommt auch sonst überall an, wo er will. „Manchmal früher, manchmal später", gibt er lachend zu. Mit den verbleibenden fünf Prozent seiner Sehstärke kann er Hell und Dunkel unterscheiden, sieht das Grün, das Gelb oder das Rot der Ampel, erkennt Hindernisse, um ihnen frühzeitig auszuweichen. „Nur die Sonne ist ein Problem, wenn sie mich blendet", meint Christoph. Dann wird es schwierig. Und das sei auch das größte Handicap auf der Piste. Nicht der Schneefall, schlechte Sicht oder Nebel machen Christoph auf der Jagd nach neuen Bestzeiten zu schaffen. Es sind die Verhältnisse, die Hobbyschifahrer wie dich und mich aus dem Tal auf den Gipfel locken und glücklich machen. Doch auch diese Umstände hat Christoph im Griff. Gemeinsam mit seinem Guide. Mehr oder weniger.

STRASSENDSCHUNGEL

Doch auf der Straße gibt es keinen Guide. Hier behilft sich Christoph mit logischem Denken. „Wenn die Autos quer fahren, dann sollte ich wohl besser stehen bleiben und warten", sagt der Leistungssportler. Nur in der Nacht bei regnerischen Verhältnissen tut er sich schwer. Fährt ein Auto vorbei, tritt der oben erwähnte Blendeffekt ein. Ist kein Auto da, fehlt das Licht für die Orientierung. Und auch das Gehör kann die Rolle der Augen nicht mehr übernehmen, denn es gibt nichts zu hören. Außer dem nächtlichen Raunzen der Katzen vielleicht. Und so ist es ihm bereits einmal passiert, dass er die Straße falsch überquert und sich gefragt hat, wie er denn hierher gekommen sei. Aber schlussendlich hat er auch an diesem Abend sein Ziel erreicht. Gesund und etwas müde. Aus diesem Erlebnis nimmt er etwas mit: Er teilt sich den Nachhauseweg in Etappen ein. „Ein Wegstück nach dem anderen, bis ich in meinen vier Wänden bin." Und es funktioniert, wie er bestätigt.

Der blinde Tennisspieler

HÖREN STATT SEHEN

So hat er mit der Zeit gelernt, sein fehlendes Augenlicht mit Gehör und anderen Sinnen wettzumachen. Ja, er kann sogar auf einen Stock verzichten.
Und „wenn das Wetter passt", geht er in ruhigen Gegenden – Parkanlagen,
auf dem Land oder in weitläufigen Gebieten – sogar alleine joggen. Auch das
Mountainbike gehört zu seinen beliebten Fortbewegungsmitteln. Bereits als
Jugendlicher war er „mit seine Freind" in den Bergen der Kärntner Heimat
unterwegs und machte auch vor rasanten Abwärtstrails nicht halt. Das geht
doch gar nicht, werden Sie jetzt vielleicht einwenden. Doch, es geht. Christoph schickte seine Freunde voraus, die ihm markante Stellen beschreiben,
und schon brauste er Richtung Tal. Auch hier hätte die Mama nicht immer
dabei sein dürfen, ist Christoph überzeugt. „Alter Schwede, war das nötig",
fragt er sich auch heute noch manchmal.

Sie machen sich Sorgen um unseren Sportler? Nicht nötig, denn Christoph
Prettner ist seit seiner Geburt blind und hat gelernt, damit umzugehen. Er
weiß, wie er sich bewegen muss, worauf er zu achten hat. „Nur fragen sollte
ich vielleicht öfter", gibt der Speed-Spezialist zu. Das schmeckt ihm noch
immer nicht.

EIN PRETTNER KOMMT
SELTEN ALLEIN

„… PRETTNER TAUCHT AM ÜBERGANG ZUM STEILHANG AUF. ER MEISTERT DIE PASSAGE WIE AUF SCHIENEN. JETZT SPRINGT ER IN DEN STEILHANG. DIE UHR LÄUFT. GEHT SICH DAS AUS? JAWOHL, BESTZEIT FÜR CHRISTOPH PRETTNER UND SEINEN GUIDE …"

Hat sich der Reporter in seiner Begeisterung verhaspelt? Was hat ein Guide auf der Piste zu suchen? Da rast ein Athlet mit hoher Geschwindigkeit ins Ziel und vor ihm tummelt sich ein weiterer Schifahrer. Ist hier ein Unbefugter in die Piste eingefahren? Hat sich ein Streckenposten wieder einmal im Stangenwald verirrt?

Nichts von alledem. Christoph Prettner braucht – wie alle seine direkten Konkurrenten – einen Guide. Der sorgt dafür, dass der Rennläufer schnell und vor allem gesund ins Ziel kommt. Im Gespräch meint Christoph Prettner, dass die Guides unerlässlich für ihn seien. Er muss sich zu 100 Prozent auf sie verlassen können, es muss beide eine Vertrauensbasis verbinden, und vor allem muss der Guide ein guter Schiläufer sein, der idealerweise auch Rennerfahrung hat. Der Guide fährt vor dem Athleten und gibt ihm durch kurze Kommandos an, wann er den Schwung ansetzen soll, er kündigt ihm schwierige Passagen, Doppeltore oder Besonderheiten im Gelände an. Umgekehrt kommuniziert Christoph mit dem Guide – über Funk –, wenn es schneller oder langsamer gehen soll. All dies geschieht in Sekundenbruchteilen und erfordert ein hohes Maß an Routine und Einsatz.

Sie kennen sicher das Spiel des Fallenlassens und Aufgefangen-Werdens durch die Gruppe. In einer ähnlichen Rolle sieht sich Christoph mit seinem Guide. Nur wenn tiefes Vertrauen zum Partner herrscht, sind Spitzenzeiten möglich.

1 AUS 400

Erfahrungsgemäß gestaltet sich die Suche nach einem Guide schwierig, erzählt Christoph weiter. Beim letzten Mal erreichten er und die Verantwortlichen ca. 400 Schiläufer, die den genannten Kriterien gerecht wurden. Von dieser großen Zahl blieben schlussendlich gerade einmal sechs übrig, die sich meldeten.

Wenn er von seinem Guide spricht, hat er klare Vorstellungen. „Mit dem Guide muss es ein großes Grundvertrauen geben, die Zusammenarbeit bestens klappen. Er sollte ein Mensch sein, der sich Gedanken macht und in die Arbeit

Prettner mit Guide

miteinbringt, der immer wieder Ideen und Verbesserungsvorschläge hat", ist er überzeugt von einer erfolgreichen Zusammenarbeit.

Guide zu sein bedeutet eine große Verantwortung und einen hohen Zeitaufwand. Auf dem Programm stehen zahlreiche Rennen, viele Trainingstage und auch Einzeltrainings. Zwar müsse der Guide nicht ganz so fit sein wie der Athlet, doch eine gewisse Grundfitness sei Voraussetzung für eine erfolgreiche Zusammenarbeit, so Christoph Prettner. Zu Beginn seiner Karriere war der Bruder Martin sein Alter Ego, doch ab 2007 wurde der zeitliche Aufwand so groß, dass der passen musste. Seit dieser Zeit ist Christoph mit unterschiedlichen Guides unterwegs. Er hat gelernt zu vertrauen. Gemeinsam erreichen er und sein Partner hochgesteckte Ziele. Gemeinsam scheiden sie aus. Gemeinsam erleben sie die Höhen und Tiefen des Sports.

DER SCHISPORT – LEBENS-INHALT UND ELIXIER

SCHIFAHREN IST CHRISTOPH PRETTNER IN DIE WIEGE GELEGT. SCHON MIT DREI JAHREN STAND ER DAS ERSTE MAL AUF SCHIERN. SEITDEM HAT IHN DIESE FASZINATION NICHT MEHR LOSGELASSEN. CHRISTOPH PRETTNER IST FOKUSSIERT.

In Österreich ist Schifahren Nationalsport Nummer eins. Nichts ist – sportlich gesehen – wichtiger als Erfolge im Schirennsport. Die Schifahrer gehören zu den Heroes der Nation. Den Traum vom Rennläufer hat sich Christoph erfüllt. Mit viel Arbeit, Ausdauer und Können, aber auch Begeisterung und Herzblut. Denn Schirennläufer zu sein ist kein Honiglecken, wie er betont.

14 BIS 16 STUNDEN PRO WOCHE. MINDESTENS

Christoph ist ein Multitalent, fährt alle Disziplinen, ganz wie sein Vorbild Aksel Lund Svindal. Und dafür trainiert der Kärntner hart: Von April bis Oktober verbringt er die meiste Zeit am Ergometer, beim Laufen und in der Kraftkammer – 14 bis 16 Stunden pro Woche. Bis zu den ersten Saisonrennen sind es bereits etwa 50 Schitrainingstage: „Als gebürtiger Kärntner fühle ich mich auf den Brettern einfach zu Hause, ich bin nicht für Indoorveranstaltungen geschaffen. Das Schifahren findet an der frischen Luft in der Natur statt, und dazu kommen die Herausforderung, möglichst schnell zu sein, und der Kampf gegen verschiedene Hänge und Kurssetzungen. Mich fasziniert es zu wissen, dass ich, wenn ich so weiter mach', einmal besser sein werde als die internationale Konkurrenz."

Dabei kommt Christoph Prettner eher zufällig zum Rennsport, als er in Wien – zu dieser Zeit ist er noch Schwimmer – auf den Behindertenschisport aufmerksam gemacht wird. Er nimmt – aus Jux und Interesse – an einem Rennen teil, hat nur ein paar Trainingstage mit seinem Guide und wird auf Anhieb Zweiter. Damit nimmt eine hoffnungsvolle Karriere ihren Lauf. Schnell fährt er sich über den C- und B-Kader ins Nationalteam und wird bereits in der Saison 2008/09 mehrfacher Staatsmeister. Gute Platzierungen im Weltcup und bei den Paralympics in Vancouver 2010 machen auf den jungen Mann aufmerksam, der nach dem Motto „Alles oder nichts" unterwegs ist. Sein erstes Weltcup-Podest erreicht er in der Saison 2011/12 in La Molina.

PROFESSIONALITÄT UND LEIDENSCHAFT

Dass zu solchen Leistungen auch ein professionelles Umfeld gehört, ist nicht immer selbstverständlich. Doch Christoph zeigt sich mit seinen Partnern sehr zufrieden. Vor allem im Schilieferanten Fischer habe er einen zuverlässigen Ausrüster, der es an nichts mangeln lässt. Von ihm erhält er Schier, Schuhe und Bindung im benötigten Umfang. „Und wenn einmal etwas zu Bruch geht, ist schnell Ersatz da", so Christoph. Dazu kommt noch die Bereitschaft von Fischer, den Guide mit demselben Material, wie auch er es habe, auszustatten. Bekleidung und Rennanzüge stellt der ÖSV, was auch immer gut klappe, und so macht die Truppe um Cheftrainer Manuel Hujara einen professionellen Eindruck auch außerhalb der Rennstrecke. Vor Ort sind immer ein bis zwei Serviceleute für das Team da, die für optimal präpariertes Arbeitsgerät sorgen und auch Hand anlegen, wenn einmal etwas anderes klemmt. Christophs Ziele sind hoch gesteckt. In Sotschi soll eine Medaille her, egal in welcher Disziplin. Wenn er es sich aussuchen dürfte, wäre ihm die Abfahrt am liebsten. „Wenn du die Abfahrt gwinnst, bist der Chef." Dabei sollte möglichst keine Sonne scheinen: „Am liebsten hab' ich's hart, aber nicht eisig und von der Kurssetzung her rhythmisch und nicht zu drehend."

EMOTIONEN UND IMPRESSIONEN
AUS LA MOLINA 2013

LERNEN FÜRS LEBEN

Die WM 2013 in La Molina war für mich nicht erfolgreich und daher unbefriedigend. Da gibt es nichts zu deuteln. Ausfälle gefolgt von wachsender Unsicherheit prägten für mich diese Tage in Spanien. Schlussendlich sollte am Tag der Superkombination diese WM für mich vorzeitig beendet sein.

Nachdem die Tage davor schon alles andere als optimal verlaufen waren und ich jegliches Vertrauen verloren hatte, war ich am Tag der Super-Kombi schon vor dem Start mit dem Kopf nicht bei der Sache. So kam es, wie es kommen musste, nach nur wenigen Toren stürzte ich. Zum Sturz gesellten sich als Folge noch Knieprobleme und ein paar Prellungen, aber das größte Problem war der Kopf. Ich war nicht mehr bereit, Rennen zu fahren, und dachte darüber nach, wieviel Sinn „das Ganze" noch macht. Nach Rücksprache mit unserem Teamarzt war die WM für mich vorbei.

Nach einigen Tagen Bedenkzeit kam ich zu dem Schluss, dass ich einiges verändern muss. Die größte war, die Zusammenarbeit mit meinem Guide zu beenden. Einen neuen zu finden ist nicht leicht, aber ich bin frohen Mutes und voll motiviert, um in Sotschi wieder voll da zu sein.

Christoph Prettner

CHRISTOPH PRETTNER IN ZAHLEN

Geburtstag: 27. 6. 1989
Geburtsort: Villach
Wohnort: Innsbruck
Beruf: Zollbediensteter ZA Innsbruck
Familienstand: ledig
Behinderung: Sehbehinderung seit 1990 durch Tumor

Hobbys/Interessen: Rad fahren, Fußball, Tagesreisen
Sportart: Schi alpin
Sportklasse: B 2
ÖBSV-Verein: BSST

SEINE GRÖSSTEN ERFOLGE

1. WC-Podest	Jänner 2012/Riesentorlauf La Molina – ESP	
2012/2013	Weltmeisterschaft La Molina – ESP	13. Platz Abfahrt
	Weltcup	16. Platz Gesamtweltcup
		12. Platz Slalom gesamt
	Europacup	5. Platz Superkombi gesamt
		6. Platz Abfahrt gesamt
2011/2012	Weltcup	6. Platz Gesamtweltcup
		4. Platz Riesentorlauf gesamt
		5. Platz Slalom gesamt
		6. Platz Super-G gesamt
	Europacup	6. Platz Riesentorlauf gesamt
		7. Platz Slalom gesamt
2010/2011	Weltmeisterschaften Sestriere – ITA	7. Platz Abfahrt
		6. Platz Super-G
	Weltcup	10. Platz Gesamtweltcup
	Europacup	8. Platz Gesamteuropacup
2009/2010	Paralympische Winterspiele Vancouver	6. Platz Abfahrt
		9. Platz Super-G
	Weltcup	9. Platz Riesentorlauf gesamt
		7. Platz Super-G gesamt
2008/2009	Europacup	10. Platz Gesamteuropacup
		8. Platz Slalom gesamt
2007/2008	Europacup	14. Platz Gesamteuropacup
2006/2007	Europacup	11. Platz Gesamteuropacup

Sämtliche Erfolge unter www.austria-skiteam.at

FRECH WIE HERMES

ROMAN RABL

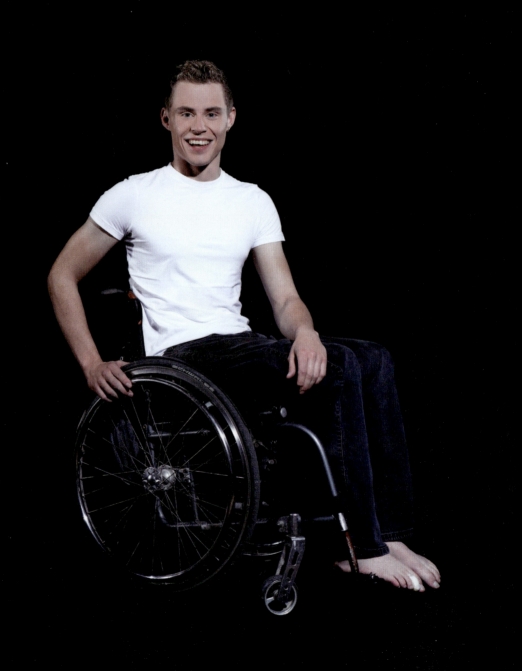

FRECH WIE HERMES

SIE KENNEN HERMES? NEIN, NICHT DAS LOGISTIK-UNTERNEHMEN. HERMES IST IN DER GRIECHISCHEN MYTHOLOGIE DER SCHUTZGOTT DER REISENDEN, DER KAUFLEUTE UND DER HIRTEN, ANDERERSEITS AUCH DER GOTT DER DIEBE UND DER KUNSTHÄNDLER. UND DAZU NOCH EIN FRECHDACHS.

Er ist es, der bei den zwölf olympischen Göttern eindeutig den Schalk im Nacken hat. Ein Beispiel gefällig? Seinem Bruder Apollon klaut er, noch in den Windeln, 50 seiner schönsten Rinder. Das allein wäre ja für einen Gott nichts Besonderes. Sie hatten sich ja so manches Stücklein geliefert. Doch der Junge war so schlau, dass er sich aus Zweigen Schneeschuhe flocht und hinter den Rindern herging, um seine Spuren zu verwischen. Dann opferte er zwei der Rinder und begab sich wieder in seine Wiege. Als ob nichts geschehen wär. Apollon indes tobte und fluchte. Wer es denn wage, ihm die Rinder zu stehlen? Doch alles Schimpfen half nichts. Erst ein Winzer aus der Gegend klärte den Gott auf, wer denn nun der Dieb seiner Tiere sei. Erzürnt packte er den kleinen Hermes am Kragen und schleppte ihn vor Zeus. Sie berieten hin und her, wie das Bürschchen nun zu betrafen sei, doch während die beiden von der Wichtigkeit ihres Tuns überzeugt waren, stahl der kleine Tunichtgut seinem Bruder Köcher und Bogen. Jetzt war es sogar dem Göttervater zu viel. Er bestand auf der Rückgabe der Rinder.

Flugs zog der kleine Hermes eine Leier, die er kurz zuvor erfunden hatte, hervor und bot sie seinem Bruder zum Tausch für die 50 Rinder. Der – schon längst nicht mehr böse – willigte ein und gilt seither als Gott der Musik. Außerdem nahm er Klein Hermes unter seine Fittiche.

FRIEDE MIT SICH

So ähnlich wie Hermes wirkt Roman Rabl im Gespräch. Lustig, den Schalk im Nacken, immer bereit für Neues. Die Konventionen sind nicht seines, er begibt sich in Grenzgebiete und versucht Dinge, die noch niemand gewagt hat. Roman verarbeitet seinen Unfall innert kürzester Zeit, genießt sein Leben mit Freunden und ist für jeden Spaß zu haben. Schnell aber erkennt er, dass dieser Weg nicht der ist, der ihn weiterbringt. Er lenkt ein, schließt Frieden mit seinem Körper und gibt ihm fortan das, was er braucht. Roman geht an seine Aufgaben extrem fokussiert und willensstark heran, ohne seine Mitmenschen zu vernachlässigen. Deshalb sehen sie ihm auch nach, wenn er nicht mehr so viel Zeit hat wie früher. Roman Rabl geht seinen Weg – Humor und Wille sind seine Begleiter.

400 METER IN EIN NEUES LEBEN

ROMAN RABL IST JAHRGANG 1991. STAMMT AUS SÖLL BEI KUFSTEIN. UND HAT VIEL ZU ERZÄHLEN. ROMAN RABL HAT EIN ERFÜLLTES LEBEN.

Wenn Roman in seinen Erzählungen loslegt, bleiben keine Emotionen versteckt. Er erzählt: Spannendes, Witziges, Tragisches. Doch das Fazit ist immer das gleiche: positiv und lebensbejahend. Roman Rabl ist nicht nur ein ausgezeichneter Schirennläufer, sondern auch ein begnadeter Entertainer. Sein unverfälschter Dialekt trägt das Seine dazu bei.

SCHÖNE HEIMAT SÖLL

Roman Rabl wurde am 11. Juni 1991 geboren. Er ist ein Sohn der Region, was er immer wieder betont. Kennt aber trotzdem die Welt. Seine noch junge Schikarriere hat ihn alle möglichen Winkel der Erde sehen lassen. Doch wir bleiben – zumindest vorerst – in Söll.

Bereits mit zweieinhalb Jahren steht der Bub auf Schiern. „Bevor ich richtig laufen kann", grinst er schelmisch, „denn ich war immer schon in den Bergen zu Hause." Kunststück, denn der Vater ist im Sommer Senner und im Winter bei den Bergbahnen in Scheffau beschäftigt. Und so tummelt sich Roman jahrein, jahraus in der alpinen Welt. Bereits zwei Wochen nach seiner Geburt geht's ab auf die Alm. Und so hält er es in seiner ganzen Jugend: Im Sommer begleitet er den Vater in die Berge, im Winter braust er auf den Brettern, die seine Welt sind, die Hänge hinab.

Schnell zieht es ihn zum WSV Söll, wo er zahlreiche Vereinsrennen bestreitet, Rennambitionen hat er aber keine – noch nicht. Seine Schulkarriere ist nicht besonders aufregend und lässt ihm Zeit für sein geliebtes Hobby. Volks- und Hauptschule sind überhaupt kein Problem, dann wechselt er in die einjährige Landwirtschaftsschule. „Das war eine coole Sache", sagt er heute rückblickend, „ich habe unglaublich viel gelernt, die Schule hat mir gefallen. Meine Freunde im Polytechnikum waren nicht so glücklich wie ich." Roman überlegt sich sogar, in den dreijährigen Zweig zu wechseln, so gut gefällt es ihm. Doch schlussendlich entscheidet er sich für eine Lehre bei Hofer in Wörgl. Auch hier passt es ihm gut, „und die Bezahlung war super".

MITTWOCH, 10. JÄNNER 2007

Der 10. Jänner 2007 bringt die große Wende in seinem Leben. Nichts deutet auf die Besonderheit hin, die dieser Tag einst für Roman haben sollte. Mittwoch ist sein freier Tag. Was anderes als Schifahren steht auf dem Programm? Mit der Mutter genießt er den Tag, und als sie früher nach Hause abfährt, bleibt Roman noch ein „Zeitl" beim Papa. Anschließend will er auf seiner Abfahrt ins Tal noch eine Freundin besuchen, die direkt neben der Piste wohnt. Aufgrund von Schneemangel ist die Route zwar gesperrt, doch das hindert einen exzellenten Schifahrer wie Roman nicht daran, die kläglichen Reste der Schneeoberfläche für sein Unterfangen zu nutzen.

Vor dem letzten Abhang bleibt er stehen, hält noch ein kurzes Pläuschchen mit zwei zufällig anwesenden deutschen Schitouristinnen und lässt es dann „so richtig krachen": Um auf dem Ziehweg am Ende der Piste nicht allzu sehr schieben zu müssen, nimmt er die letzten 400 Meter des Hanges in der Hocke, biegt in den Weg ein, als er in einer Kurve – ob durch einen Schlag weiß er nicht mehr – einen Schi verliert. Es hebt ihn aus, schleudert ihn wie einen Spielball durch die Luft. Das alles in Sekundenbruchteilen. Er sieht kurz den Baum vor sich, denkt sich „Nicht da hinein!", und schon kracht es. Ihm bleibt kurz die Luft weg. Er kommt im Graben hinter dem Baum nach ein paar Überschlägen zum Liegen, er spürt: „Da ist etwas Gröberes passiert."

DER INNSBRUCKER DIALEKT

Roman kann sich nicht rühren. Was er noch nicht weiß: Sein 12. Brustwirbel ist gebrochen. Lauthals schreit er um Hilfe, die in Form der beiden Schifahrerinnen, mit denen er weiter oben geplaudert hat, zur Stelle ist. Sein Glück: Beide sind Notärztinnen, die wissen, was zu tun ist. Sie informieren die Bergrettung und versuchen, den Verunfallten zu beruhigen. Roman will sich bewegen, sich aufrichten, doch sie halten ihn zurück. Sie haben den Ernst der Lage erkannt.

Kurz darauf sind die Bergretter zur Stelle. Man kennt sich. Doch auch sie können Roman nicht anders helfen als einen Hubschrauber anzufordern, der auch tatsächlich bald zu hören ist. Doch für Roman scheint die Zeit stillzustehen. Das Umbetten auf die Liege bereitet ihm Schmerzen, aber nur kurz, denn der diensthabende Notarzt aus dem Hubschrauber „spritzt ihn weg". Für Roman eine Erlösung, denn so verfolgt er das Prozedere im Dämmerzustand, verliert sich in einem Nebel, in dem er sich über das Geschehene keine Gedanken machen muss. Er wird ins Krankenhaus nach Kufstein geflogen, wo nach einer CT die Schwere der Verletzung sichtbar wird. Von Kufstein wird er weiter nach Innsbruck überstellt, wo noch in derselben Nacht eine Notoperation erfolgt. Anschließend liegt er zwei Tage auf der Intensivstation, bis er in ein normales Zimmer verlegt wird.

Bis dato weiß er nicht genau, was ihm fehlt. Die Informationen fließen nur spärlich. Er spürt, dass er seine Beine nicht mehr bewegen kann. Dazu kommt die unbefriedigende Situation im Innsbrucker Spital, wo er in einem Zimmer mit drei Senioren untergebracht ist, die ihm das Schlafen durch ihr Schnarchen schier unmöglich machen. Und wenn er einmal weggedöst ist, wird er postwendend wieder geweckt: „Die sind nächtens durchs Zimmer gewandelt. An Schlaf war nicht zu denken", erinnert er sich mit gemischten Gefühlen. Das Schlimmste war für ihn das Aufgewecktwerden. Schlummert er einmal weg und vergisst die Geschehnisse für wenige Sekunden, holen ihn seine Zimmergenossen wieder zurück in die Realität. Garantiert. „Das Furchtbarste war der Innsbrucker Dialekt", sagt er noch heute mit Schaudern. In einem Moloch von Krankenhaus, nichts Heimisches um sich, lässt ihn das Ungewohnte manchmal schier verzweifeln.

So setzt er alle Hebel in Gang, um nach Kufstein verlegt zu werden. Roman ist schon damals ein zielstrebiger junger Mann. Das Ergebnis: Nach einer Woche liegt er in Kufstein in einem Einzelzimmer. Nach weiteren zwei Wochen wird er per Rettungswagen nach Bad Häring verlegt, wo er mit der Reha beginnt. Am 31. Jänner 2007 erfolgt der Startschuss in ein neues Leben.

STARTSCHUSS IN EIN NEUES LEBEN

In Bad Häring wird Klartext gesprochen. Wohltuend für Roman, denn jetzt weiß er: Er wird nie mehr gehen können. Im Reha-Zentrum wird er auf ein Leben im Rollstuhl vorbereitet, er ist umgeben von Menschen mit ähnlichen Schicksalen, erkennt aber zugleich, dass es noch Schlimmeres gibt als das, was ihm widerfahren ist, denn „eigentlich bin ich mit meiner Verletzung glimpflich davongekommen." Das und noch vieles mehr hilft ihm zur realisieren, dass es weitergeht. Weitergehen muss.

Roman verbringt eine gute Zeit in Bad Häring, wie er es ausdrückt. Er ist mit zwei Burschen ähnlichen Alters im Zimmer, sie verbringen viel Zeit mit Reden, Plaudern und dem einen oder anderen Bier. Nachdem er Bad Häring verlassen hat, gilt es, das Leben neu zu ordnen. Die Lehre bei Hofer ist nicht mehr möglich, und so bewirbt er sich um eine Buchhalterstelle bei der Firma AQIPA, von der er nach einem offensichtlich erfolgreichen Vorstellungsgespräch auch eine Jobzusage erhält. Allerdings nicht als Buchhalter, wie er gedacht hat, sondern als Mediendesigner. „Das Unternehmen hat mich nicht in der Zahlenwelt, sondern in der Kreativwelt gesehen." Dankbar ergreift er die sich ihm bietende Chance und absolviert mit Freude die Ausbildung. Die Arbeit gefällt ihm gut, sie ist anspruchsvoll, auch die Berufsschule hat es in sich. Doch Roman hat das Gefühl, er macht etwas aus seinen Talenten.

Das Unternehmen produziert PC-Zubehör, Laptoptaschen und etliches mehr. Roman ist zuständig für das Design der Produkte der Verpackungen und der Kataloge. Nebenher beginnt er mit dem Schisport. Sein Chef, selbst

Erster Weltcup-Sieg in St. Moritz/Jänner 2013

schibegeistert, unterstützt ihn in seinen Ambitionen, ist sein erster Sponsor, der ihm die Rennschier spendiert. Leider trennen sich nach der Lehre die Wege, Roman erhält die Möglichkeit, ins Sportmodell des Zolls zu wechseln, wo er das Schifahren mehr und mehr professionalisieren kann. Aber das ist eine andere Geschichte.

Heute lebt Roman abwechselnd in Innsbruck und Söll, wo seine Familie kurz nach seinem Unfall ein Haus gebaut hat: Der unterste Stock ist sein Domizil, im Mittelstock sind die Eltern zu Hause und ganz oben residiert die Schwester. Der Lift führt vom EG bis in den zweiten Stock, die Familie fühlt sich wohl im Mehrgenerationenhaus. Während der Woche ist er drei Tage im Olympiazentrum Innsbruck stationiert.

VOM HOBBYFAHRER ZUM SHOOTING STAR

SCHIFAHREN IST ROMAN RABLS LEBEN. DAS WAR VOR DEM UNFALL SO UND IST ES SEITDEM NOCH VIEL MEHR. ROMAN MACHT AUS SEINER PASSION EINEN BERUF.

Als Roman aus Bad Häring entlassen wird, weiß er zwei Dinge: Den Rollstuhl wird er nicht mehr verlassen können. Das ist das eine. „Kann man nichts machen." Auf die Schipiste will er wieder zurück. Und zwar schnell. Das ist das andere.

HARALD EDER, EIN VORBILD

Roman weiß auch schon, wie. Denn er kennt einen Monoschifahrer. Harald Eder, erfolgreicher Starter bei Weltmeisterschaften und Paralympics, ist ihm ein Begriff. Denn er war als „Fußgänger" beim Empfang Eders nach der erfolgreichen WM 2004 in der Wildschönau dabei. Ja, er war sogar vor Ort, um den Sportler anzufeuern, ihm die Daumen zu drücken. Dieser Harald Eder ist die Initialzündung auf Romans Weg zurück. Bereits zehn Monate nach dem Unfall sitzt er, brennend vor Ehrgeiz, im Monoschi auf dem Kaunertaler Gletscher und lässt sich von Andreas Schiestl in die Geheimnisse des Sports einweisen. Noch heute kommt Roman ins Schwärmen, wenn er vom Mastermind des Monoschisports spricht, den er als Ausnahmekönner bezeichnet.

Dabei ist der erste Tag so gar nicht vielversprechend. Roman hat noch seine alte Schitechnik im Kopf, will fahren wie vor dem Unfall und kann noch nicht loslassen. Die Folge: Müde, ausgelaugt und frustriert ist er am Abend kurz davor, alles hinzuschmeißen. Doch Schiestl fordert von Roman ein wenig mehr Geduld. Und dass er seine Ratschläge annehmen soll. Am nächsten Tag nimmt sich Roman die Ermahnungen seines Lehrmeisters zu Herzen, und siehe da, es funktioniert schon viel besser: Er schafft bereits seine ersten Fahrten bis zur Halbstation der Gletscherbahn. Von jetzt an geht es rasant aufwärts. Spaß und Freude stellen sich ein, Romans Ehrgeiz wird immer wieder aufs Neue entfacht. Er will mehr und belegt einen weiteren Kurs bei Schiestl. Dann steht das Stangenfahren auf dem Programm.

RASANTER AUFSTIEG

Im darauf folgenden Sommer läutet das Telefon bei Roman. Schiestl ist am Apparat. Ob er nicht Rennen fahren möchte. Das lässt sich der Junge nicht zweimal sagen. Roman ergreift die Chance und wird in den Nachwuchskader aufgenommen, wo er unter anderem mit Thomas Grochar in einem Team ist. Christoph Prettner ist zu dieser Zeit im B-Kader, Markus Salcher im A-Kader. Romans erster Trainer ist Markus' Vater Bernd Salcher, Manuel Hujara ist Cheftrainer. Der Chef ist immer wieder bei den Jugendrennen dabei, um seine Talente zu beobachten. Schließlich ist es soweit: Roman darf im Dezember 2008 im Europacup im Kühtai starten. Im ersten Durchgang liegt er nur wenig hinter Altmeister Philipp Bonadimann, im zweiten Durchgang will er zu viel und scheidet aus. Trotzdem hat er ein Versprechen für die Zukunft abgegeben. Nach weiteren Trainingskursen wird er im Austrian Cup eingesetzt, weitere Europacup-Starts in Schweden und Jasna (Slowakei) folgen. Jetzt schon landet er unter den Top 12 und spürt: Der Knoten ist geplatzt. Roman macht in den nächsten Bewerben von sich reden und schafft es immer wieder, sich im Spitzenfeld zu platzieren. Im folgenden Jahr ist er fixer Bestandteil des EC-Teams und darf auch beim einen oder anderen Kurs im Nationalteam schnuppern. Bereits ein Jahr später steht er dank seiner Entwicklung und seiner Erfolge im ÖSV-Kader, gleich im ersten Kaderjahr schafft er bei der WM in Sestriere 2011 den sensationellen 5. Platz im Slalom. Der erste Weltcupsieg gelingt ihm am 13. Jänner 2013 in St. Moritz.

Für Katha :) ohne H ;-)

EMOTIONEN UND IMPRESSIONEN AUS LA MOLINA 2013

AM ENDE DOCH NOCH GOLD

Mit großer Motivation reiste ich Richtung La Molina, wo ich mich schnell einlebte. Doch das erste Abfahrtstraining barg bereits die erste Enttäuschung: Da die Strecke sehr flach ist und die erste Fahrminute nur geradeaus dahinging, hatte ich bei den ersten Trainingsläufen mit meinen 60 Kilos und einem neuen Abfahrtsschi keine Chance, an die Zeiten der anderen heranzukommen. Deshalb setzte ich im Rennen auf meinen alten Schi. Im oberen Teil verlor ich nur wenig Zeit, im Mittelteil war ich sogar Schnellster. Doch es sollte nicht sein: Zwei Tore vor dem Ziel stürzte ich, blieb aber – Gott sei Dank – unverletzt. Trotzdem: Das Rennen war sehr bitter für mich verlaufen.

Am zweiten Renntag stand der Super-G auf dem Programm. Nach einem guten Lauf verkantete mein Schi 20 Meter vor der Ziellinie und ich kam erneut zu Sturz. Ich stürzte über die Ziellinie, wo es mich überschlug, trotzdem reichte es für den zehnten Endrang. Durch den Sturz erlitt ich eine Gehirnerschütterung, die mein Erinnerungsvermögen in den nächsten Stunden ein bisschen trübte. Da aber der nächste Tag ein Trainingstag war, konnte ich mich ein wenig erholen.

Der dritte Renntag begann mit einer Absage: Nach der Besichtigung wurde das Rennen wegen zu starken Windes verschoben, was mir sehr gelegen kam, sodass ich mich noch einen Tag erholen konnte. Auch am vierten Renntag blies der Wind noch ziemlich kräftig, doch der Slalom wurde durchgeführt. Im ersten Durchgang fuhr ich zwischen meine Teamkollegen Philipp (Bonadimann) und Dietmar (Dorn) auf den zweiten Zwischenrang. Im zweiten Durchgang wollte ich es wissen und nahm im Steilhang in einer Vertikale zu viel Risiko. Das Ergebnis: ein bitterer Ausfall, der mir noch mehr weh tat als das Abfahrtsaus. Eine Medaille in Griffweite – und dann das!

Auch in der Superkombi erwischte ich nicht den besten Tag und schied im Mittelteil des Super-G aus. Doch eines ist klar: Ohne Risiko gewinnst du gar nichts. Und so verlief auch der Riesentorlauf: Nach einem guten dritten Rang im ersten Durchgang hatte ich im zweiten einen Steher, der mich aus dem Rennen um die Medaillen warf.

So blieb mir nur mehr der letzte Renntag, an dem ich im Teambewerb für Österreich starten durfte: Der Skicross-ähnliche Lauf gefiel mir von Anfang an, im Training kam ich auch schon sehr gut zurecht. Im Rennen waren Claudia (Lösch) und Markus (Salcher) schon mit sehr guten Zeiten im Ziel, als ich den Lauf in Angriff nahm. Auch hier galt: ohne Risiko kein Spitzenplatz. Und endlich ging alles auf: Wir wurden mit zwei Zehntel denkbar knapp vor den USA Teamweltmeister. Somit hielt die WM in La Molina auch für mich einen versöhnlichen Abschluss parat. Ich blicke auf diese Tage in Spanien mit einem lachenden und einem weinenden Auge zurück: Zum einen wäre sehr viel mehr möglich gewesen, zum anderen war ich bis zu meinen Ausfällen immer schnell unterwegs. Und außerdem: Meine Zeit wird kommen!

Roman Rabl

NICHTS DEM ZUFALL
ÜBERLASSEN

ROMAN RABL IST PROFI DURCH UND DURCH. ER WEISS, WAS ER WILL, IST EXTREM FOKUSSIERT UND VERFOLGT ZIELSTREBIG SEINEN WEG. ROMAN RABL IST EIN SIEGER.

Das beginnt bereits bei der Ausrüstung: In der Saison 2011/12 muss Roman erkennen, dass er mit seinem Monoschi nur im Slalom mithalten kann, in den Speeddisziplinen ist das Gerät nicht konkurrenzfähig. Und so steigt er auf einen Monoschi made in Japan um. Er importiert den Schi, tüftelt und schraubt Tag und Nacht, bis alles passt.

DAS SETUP IST ENTSCHEIDEND

Ein Schlosser und ein Karbonfachmann unterstützen ihn dabei. Sobald Roman das Gefühl hat, auf dem richtigen Weg zu sein, testet er zusammen mit Cheftrainer Manuel Hujara und seinem Servicemann Hermann seinen Monoschi auf dem Gletscher, um bis zu Saisonbeginn das Feintuning und das richtige Setup zu schaffen. Er merkt bereits im Sommertraining in Chile, dass er gut unterwegs ist, nach zahlreichen weiteren Trainings und Tests ist der Monoschi einsatzbereit.

Der Erfolg gibt ihm Recht: Im Jänner 2013 kann er seinen ersten Weltcupsieg im Riesentorlauf in St. Moritz verbuchen, weitere Europacuperfolge in Tarvis in Abfahrt und Superkombi folgen. „Natürlich ist meine frühere Stärke im Slalom vorbei, wobei der Rückstand immer kleiner wird", weiß Rabl, „doch dafür bin ich jetzt in allen anderen Disziplinen stark und kann in der Weltspitze mithalten." Ob er nicht beide Geräte einsetzen kann, fragen wir den Sportler. Lachend antwortet er: „Das ist mit einem Monoschi nicht so einfach wie mit Abfahrts- oder Slalomschiern. Allein um mich auf das neue Gerät umzustellen, war ich eine Woche beschäftigt." Das Fahrgefühl sei ein völlig anderes, und deshalb sei es eben unmöglich, mit beiden Schiern zugleich zu fahren. Er vergleicht den neuen Monoschi mit einem Siebener-BMW, der alle Schläge einer Holperpiste problemlos schlucke. Auch Teamkollege Dietmar Dorn stand vor der Entscheidung, auf das neue Gerät umzusteigen, doch der Slalomspezialist aus Vorarlberg sei nicht „ins Fahren gekommen" und so blieb er – zumindest in der Saison 2012/13 – seinem alten Gerät treu.

SPONSORING UND UNTERSTÜTZUNG

Dass ein solcher Monoschi teuer ist, nehmen wir an. Als uns Roman Rabl aber die Summe nennt, die er für das Gerät aufbringen musste, kommen wir ins Staunen: Das Grundgestell allein liege etwa bei 5000 Euro, mit Umbau, Karbonentwicklungen und Setup verdreifache sich der Aufwand nahezu. Und diesen Betrag muss er vorab selbst aufbringen. Einen Teil des Geldes erhält er später vom Verband als Unterstützung, einen weiteren Teil hofft er über Sponsoren abdecken zu können. Seit Roman Rabl in den Spuren des Erfolges wandelt, erkennen Unternehmen zunehmend den Werbewert des sympathischen Naturburschen. Mit Theresienöl hat er einen treuen Kopfsponsor, die Ausrüstung wird von Atomic und UVEX gestellt.

„Tolle Unterstützung bekomme ich auch vom Olympiazentrum in Innsbruck", erzählt Roman, „Mediziner und Trainer sind rund um die Uhr für mich da und begleiten mich hochprofessionell auf meinem Weg. Im Sommer bin ich drei Mal pro Woche in Innsbruck im Olympiazentrum, um mein individuelles Programm abzuspulen, der restliche Trainingsplan wird zuhause absolviert." Möglich gemacht hat diese Kooperation Cheftrainer Manuel Hujara, der 2011 mit dem Leiter des Zentrums, Christian Raschner, über eine Kooperation verhandelt hat. Roman wird als erster Behindertensportler in das Programm aufgenommen, auf Probe zuerst. Als alle Beteiligten erkennen, wie vorzüglich die Zusammenarbeit klappt, ist der Monoschifahrer fix im Team. „Seitdem sind meine Kraft-, Ausdauer- und Regenerationseinheiten perfekt getimt und wissenschaftlich begleitet", freut sich Rabl über seine außergewöhnliche Fitness. „Das war nicht immer so", berichtet er weiter, „nach meinem Unfall rauchte ich und trank auch das eine oder andere Bier." Doch er spürt schnell, dass der Körper sein ganzes Kapital ist und stellt seine Lebensgewohnheiten radikal um. Die Kilos purzeln, er baut Muskelmasse auf und schafft so die Voraussetzungen, um in der Weltspitze mithalten zu können. „Es reicht nicht, nur gut schizufahren, auch die körperliche Fitness muss passen." Wir erkennen einmal mehr: Roman Rabl ordnet alles dem Erfolg unter.

ZÖLLNER RABL

Auch beruflich geht der Spitzensportler seinen Weg. Nach der Lehre zum Mediendesigner wechselt er 2011 zum Zoll, wo er durch das Sportmodell die Möglichkeit hat, so zu trainieren, wie es der Spitzensport von ihm fordert, ohne sich um sein finanzielles Auskommen Sorgen machen zu müssen. Überhaupt gefällt es ihm beim Zoll außerordentlich gut, besonders das Betriebsklima lobt er. Im April 2014 absolviert er den ersten Teil seiner Ausbildung zum Zöllner, der zweite Teil soll im Herbst folgen.

Zwar sei er – wie er glaubt – mental immer schon stark gewesen, doch durch den Unfall sei sein Leben noch fokussierter geworden. Sein Umfeld hat Verständnis für ihn und seinen Sport, auch wenn er nicht mehr so viel mit

Freunden und Familie unterwegs sein kann. „Wenn ich zuhause bin, trinken wir jetzt nachmittags einen Kaffee oder treffen uns zum Kartenspielen." Es gehe eben nicht mehr so wie früher, grinst er.

GESUND BLEIBEN

Auf seine Ziele angesprochen, meint Rabl: „Im Gesamtweltcup sollte sich ein Platz im Spitzenfeld ausgehen." Mittelfristig sieht er Sotschi 2014 als ganz großes Ziel. Überhaupt will Roman Rabl nur so lange schifahren, wie der Körper mitmacht. Eine Saison zehre eben an den Kräften und sei eine extreme Belastung für den Körper. Und: Man habe eben nur einen Körper, auf den man besonders gut achten müsse. Das hat er gelernt.

ROMAN RABL IN ZAHLEN

Geburtstag: 11. 6. 1991
Wohnort: Söll, Wies 30e
Klub: TBSV/RSCTU
im ÖSV-Kader: seit 2009
Beruf: Zollangestellter in Ausbildung
Behindertenklasse: LW 12-1
Behinderungsart: Querschnittlähmung nach Schiunfall

Schi: Atomic
Monoschi: Nissin
Brille/Helm: Uvex
Handschuhe: Ziener
Homepage: www.romanrabl.at

SEINE GRÖSSTEN ERFOLGE

WM-Medaillen	GOLD Teambewerb – La Molina 2013
1. WC-Sieg	Jänner 2013/Riesentorlauf St.Moritz/SUI
1. EC-Sieg	Februar 2012/Slalom Spindlermühle/CZE
1. WC-Podest	Jänner 2012/Slalom La Molina/ESP
	Sieger Europacup Gesamtwertung 2012/2013

2012/2013	Weltmeisterschaft La Molina – ESP	GOLD Teambewerb
		6. Platz Riesentorlauf
		10. Platz Super-G
	Weltcup	5. Platz Gesamtweltcup
		2. Platz Riesentorlauf gesamt
		8. Platz Slalom gesamt
	Europacup	GESAMTEUROPACUPSIEGER
		1. Platz Riesentorlauf
2011/2012	Weltcup	8. Platz Gesamtweltcup
		6. Platz Superkombination ges.
		7. Platz Slalom gesamt
		7. Platz Super-G gesamt
		11. Platz Riesentorlauf gesamt
	Europacup	4. Platz Gesamteuropacup
		3. Platz Riesentorlauf gesamt
2010/2011	Weltmeisterschaften Sestriere – ITA	5. Platz Slalom
		13. Platz Riesentorlauf
	Europacup	19. Platz Gesamteuropacup
2009/2010	Europacup	11. Platz Slalom gesamt
2008/2009	Europacup	21. Platz Gesamteuropacup
		19. Platz Slalom gesamt
		26. Platz Riesentorlauf gesamt
	Austriancup	Gesamtsieger Jugend

Sämtliche Erfolge unter www.austria-skiteam.at

SCHNELLER ALS ODYSSEUS

MARKUS SALCHER

SCHNELLER ALS ODYSSEUS

EINES STEHT FEST: SO LANGE WIE ODYSSEUS AUF DEN IRRFAHRTEN BRAUCHT MARKUS SALCHER NICHT, UM SEINE ZIELE ZU ERREICHEN. DAS BEWEISEN DIE ERFOLGE, DIE ER IN JUNGEN JAHREN SCHON ERZIELT HAT.

Wir alle kennen Odysseus, den listenreichen, der auf seiner Fahrt von Troja nicht und nicht nach Hause kommt, weil er immer wieder von den Göttern von Ithaka ferngehalten wird. Doch auf seinem Weg beweist er ein ums andere Mal, was Bedacht, Umsicht und ein heller Geist vermögen. Er umschifft auf seinem Weg so manche Klippe, die droht, seinen Weg zu kreuzen. Für jedes Problem findet Odysseus auf seiner zehnjährigen Reise die Lösung.

PROBLEME SIND DA, UM GELÖST ZU WERDEN

Auch Markus Salcher ist so ein Typ. Es gibt kein Problem, für das nicht auch die passende Lösung existiert. Sie muss nur gefunden werden. Oder: „Übers Reden kommen die Menschen zusammen." Dieses Motto hilft ihm ein ums andere Mal auf seinem Weg. Denn nicht nur einmal baut sich eine Hürde auf, die schier unüberwindbar scheint: Zum einen ist da die Aufnahme in die SSLK, eine spezielle Schule, wo er Lernen und Sport optimal kombinieren kann. Sie droht, an den Aufnahmekriterien zu scheitern, doch die Familie Salcher findet mit den Verantwortlichen der Schule eine Lösung. Zum anderen ist es das Wunschstudium in Innsbruck. Auch dieses Mal ist es die Aufnahme, die für Probleme sorgt. Die Universität Innsbruck reagiert, aber zu spät: Markus hat einen Platz im Programm „Studium und Spitzensport" an der Universität Klagenfurt ergattert.

Und so hält es Markus Zeit seines Lebens: Er stellt sich den Fährnissen des Alltags und tritt unbeschadet und gestärkt wieder aus ihnen hervor. Wie Odysseus, der griechische Held, der schlussendlich seine Penelope in die Arme schließen darf, nachdem er alle Schwierigkeiten überwunden hat. Nur heißt Markus' Penelope Edelmetall.

NICHTS DEM ZUFALL ÜBERLASSEN

SCHIFAHREN UND MARKUS SALCHER. DAS PASST ZUSAMMEN. DENN SCHIFAHREN IST DIE GROSSE LIEBE IN MARKUS' LEBEN. OHNE WENN UND ABER. IHR ORDNET ER SEIN TUN UNTER. DER ERFOLG GIBT IHM RECHT.

Als Markus Salcher am 1. Juni 1991 als zweites Kind von Bernd und Lisa Salcher zur Welt kommt, ist alles ein bisschen anders. Bei Markus ergeben sich bei der Geburt Komplikationen: Die Nabelschnur hat sich um den Hals gewickelt und die Luftzufuhr zum Hirn unterbrochen. Dabei werden bestimmte Bereiche des Hirns nicht ausreichend mit Sauerstoff versorgt, was zum Absterben einiger Zellen führt. Das ist die schlechte Nachricht. Die gute Nachricht: Andere Gehirnzellen übernehmen deren Funktion, sodass sich die Schädigung von Markus' Körper auf die rechte Seite beschränkt: Er leidet unter einer Hemiparese, einer halbseitigen Lähmung. Dadurch kann er die rechte Hand nicht feinmotorisch bewegen, und auch die Wadenmuskulatur ist gelähmt. Weiters ist ein Bein zwei Zentimeter kürzer als das andere, was ihn beim Gehen etwas behindert. Doch all dies kann Markus auf seinem Weg nach oben nicht bremsen, im Gegenteil, es spornt ihn an, noch bessere, größere Leistungen zu vollbringen. Diesen Kampfeswillen und diesen Fokus hat er in all seinem Tun und Denken verinnerlicht. Markus ist extrem zielgerichtet und erfolgsorientiert. Das beweisen die großen Erfolge in seiner noch jungen Karriere.

DER JUNGE AUS DEM GAILTAL

Doch dazu etwas später. Die Salchers stammen aus dem Kärntner Gailtal, er hat noch zwei Brüder, Moritz und Lukas, einer jünger, der andere älter. Ein klassisches Sandwichkind also? „Ja klar", meint Markus lachend, „ich musste mich immer gegen die beiden durchsetzen." Trotz seiner Behinderung verlebt der Junge eine ganz normale Jugend wie seine Geschwister auch. Mit allen Höhen und Tiefen, die dazugehören. Überall darf er mit: zum Radfahren, Schifahren, in die Berge. Das bedeutet aber auch: keine Schonfrist für Markus. Doch für ihn, der mit seiner Behinderung aufwächst und nichts anderes kennt, ist das der Alltag. Ihm kommt nicht einmal die Idee, dass er anders ist als die Brüder.

Bereits in frühester Kindheit steht Markus auf Schiern. Er hat dieses Gen praktisch in die Wiege gelegt bekommen, denn der Vater ist viele Jahre lang Trainer im Nachwuchs und im AustriaSkiTeam Behindertensport. Seine ersten

Erfahrungen sammelt der Junior im Gailtal-Cup, wo er das Feld von hinten aufrollt. „Am Anfang waren die Ergebnisse noch nicht so toll", erzählt er, „den Parallelschwung habe ich später gelernt als die anderen." Trotzdem gibt Markus nie auf. Sein erstes Vorbild? „Der Bruder Lukas. Er war leider immer schneller als ich. Aber er fuhr ja mit beiden Stöcken. Und hatte kein Handicap am Fuß." Sonst, ja sonst …

Markus stammt also aus dem Gailtal, wo das Nassfeld vor der Haustüre der Großeltern, die dort ein Haus besitzen, liegt. Wo sonst als hier auf über 110 Pistenkilometern lernt man das Schifahren? Der Vater nimmt ihn unter die Fittiche und bringt ihm die ersten Schwünge bei, und so verbringt der Kleine einen großen Teil seiner Jugend im Verein und auf der Piste, fährt diverse Rennen und verdient sich so seine ersten Sporen.

DER SPRUNG ZUM BEHINDERTENSCHILAUF

Bei den Kärntner Landesmeisterschaften wird Markus von Klaus Peer, 2004 Cheftrainer, angesprochen, ob er nicht Lust hätte, bei den Behinderten mitzufahren. Die Mama, die danebensteht, nimmt die Visitenkarte von Peer in Gewahrsam – man kann ja nie wissen –, denn Markus ist von der Idee begeistert. Auch der Trainervater geht den Weg mit dem Sprössling mit, arbeitet viele Jahre im Nachwuchsbereich und begleitet so den Sohn ein Stück seines Weges.

Mit 45 Jahren zieht es Vater Bernd aber noch einmal in eine andere Richtung: Er verlässt die Trainerbühne, um an der FH berufsbegleitend Public Management zu studieren. So kommt Markus in die Obhut anderer Trainer. „Das war zu diesem Zeitpunkt nicht das Schlechteste", meint er rückblickend, „denn mein Vater hatte immer zwei Rollen auszufüllen: Zum einen war er mein Trainer, und was es heißt, den eigenen Sohn zu trainieren, muss ich nicht weiter erläutern. Zum anderen war er mein Vater, und diese beiden Aufgaben zu vereinen, war wohl nicht immer leicht. Außerdem ist es immer ein Gewinn, die Erfahrung und die Sichtweise anderer, auch Außenstehender, kennenzulernen." So geht Markus von nun an seinen eigenen Weg.

SSLK UND MATURA

Schule und Sport gehen bei dem aufstrebenden Sportler immer Hand in Hand. Nach drei Jahren im Kindergarten besucht er die Volksschule 14 in Klagenfurt, anschließend die Unterstufe des Europagymnasiums Klagenfurt, ab der fünften Klasse beginnt er sich zu spezialisieren:

„In der Schule war es nicht immer ganz leicht für mich", erinnert sich Markus, „zusätzlich zu meiner Behinderung war ich auch Legastheniker, was eine angepasste Notengebung zur Folge hat. Die Mitschüler haben das nicht immer verstanden." Und: „Auch im Turnunterricht konnte ich nicht immer alle Anforderungen so erfüllen wie die Klassenkameraden. Daher versuchte ich diese

Salcher beim Interview

Defizite bei anderen Sportarten wettzumachen. Das hatte manchmal eine etwas härtere Gangart beim Fußball zur Folge", grinst er. Aber die Burschen seiner Altersklasse und auch Markus sind nicht aus Zucker, und so freunden sie sich schnell an. Ab der fünften Klasse trennen sich ihre Wege wieder: Markus wechselt in das SSLK, das Schulsportleistungsmodell Kärnten, mit den Standorten in Spital, wo die Wintersportler stationiert sind, und in Klagenfurt, wo die Fußballer und Eishockeycracks die Schulbank drücken. Doch schon bei der Aufnahmeprüfung gibt es kleinere Probleme: Markus kann aufgrund seiner Behinderung nicht alle Kriterien erfüllen. Außerdem ist am Anfang unklar, wie er zum Fitnesscenter und zu anderen dislozierten Unterrichtsstandorten gelangen soll. In einer extra dafür einberufenen Sitzung werden Lösungen gesucht und gefunden. Markus wird für zwei Monate auf Probe aufgenommen. Schnell aber zeigt sich, dass er den Anforderungen des Schulalltages gewachsen ist, und so besucht er als erster Behinderter für fünf Jahre die SSLK. In fünf Jahren Oberstufe haben die Schüler in maximal 26 Wochenstunden acht Stunden Sport, in denen sie auf ihre Laufbahn als Athleten vorbereitet werden. Vor Markus Salcher hat ein gewisser Thomas Morgenstern diese Schule besucht. Im Sommer 2011 legt Markus erfolgreich die Matura ab, dem nächsten entscheidenden Schritt steht nun nichts mehr im Weg: Er inskribiert sich an der Universität Klagenfurt. So wird aus dem schiverrückten Jungen aus dem Gailtal ein junger Mann, der weiß, wohin sein Weg führt und der sich für die Zeit nach dem Schisport mit einer zukunftsträchtigen Ausbildung wappnet.

STUDIUM UND KARRIERE

DASS STUDIUM UND EINE KARRIERE ALS SPORTLER EINANDER GUT ER-GÄNZEN KÖNNEN, STELLT MARKUS SALCHER SCHNELL FEST. UM SICH IN DER WELTSPITZE ZU ETABLIEREN, BEDIENT ER SICH DES MODELLS „SPIT-ZENSPORT UND STUDIUM" DER UNI KLAGENFURT.

Nach der Matura 2011 lockt Markus Salcher die Olympiastadt Innsbruck, wo er gerne Sport- und Gesundheitsmanagement studiert hätte. Doch abermals sind es die Aufnahmekriterien, die ihm zu schaffen machen. Wieder setzen sich die Verantwortlichen zusammen, um einen für alle gangbaren Weg zu finden. Doch die Alpen-Adria-Universität Klagenfurt ist schneller. Sie bietet dem ambitionierten Rennläufer Markus Salcher die Möglichkeit, im Modell „Spitzensport und Studium" seine beiden großen Ziele – Sport und Ausbildung – zu kombinieren und unter einen Hut zu bringen. So entscheidet sich der angehende Studiosus für die Lindwurmstadt, obwohl ihm „Innsbruck auch gefallen hätte", wie er zugibt, zumal auch sein Bruder dort studiert. Im Herbst 2011 beginnt er also das Studium der Medien- und Kommunikationswissen-schaften, nimmt sich aber bewusst Zeit dafür, denn der Schirennsport steht noch immer an erster Stelle.

PR UND SOCIAL MEDIA

Seine Ziele weiß Markus ganz genau zu definieren: Dass er vom Schisport wird leben können, ist wohl eher Utopie denn Realität. Deshalb ist ihm eine fundierte Ausbildung wichtig. Nach seiner aktiven Karriere plant er den Ein-stieg in die Privatwirtschaft, wo er hofft, in den Bereichen Organisations-kommunikation, PR und Social Media seine Erfahrung und sein Know-how einbringen zu können. Journalismus hingegen kommt für ihn nicht in Frage. „Da ist meine Rechtschreibung wohl nicht so optimal", grinst er. Wenn ein Mensch so genau weiß, was er wann und wo machen will, gibt es nicht mehr viel Platz in dessen Leben. Oder vielleicht doch? „Nein, Freundin habe ich noch keine. Das scheitert im Moment an meinem Sport. Von September bis März bin ich unterwegs, im Sommer stehen Vorbereitungskurse auf dem Pro-gramm. Aber die Richtige, die das versteht, wird schon noch kommen", macht sich Markus hier keinen Druck. Denn das Schifahren steht im Vordergrund. Und das wird sich noch nicht so bald ändern. Und so ordnet er auch, was seine Hobbys angeht, alles dem Sport unter: Schifahren in der Freizeit, Biken,

Abfahrts-Gold in La Molina

mit dem Rennrad durch die Gegend fahren, Relaxen am Wörthersee, das ist das, was ihn abseits der Schipiste beschäftigt. Daneben hat auch die X-Box ihren festen Platz im Tagesablauf des Sportlers. „Im Moment besuche ich ein Proseminar zum Thema Medien und Gewalt. Da muss ich so manches Spiel durchspielen. Ich sollte ja wissen, wovon ich rede", sagt er verschmitzt, „die Mama sieht das nicht so gern. Aber es ist ja fürs Studium."

AUF EIGENE BEINE

Überhaupt hat die Mama noch immer ein Auge auf ihren Filius. Markus wohnt auch während des Studiums in Klagenfurt zu Hause bei den Eltern, und das ist für einen jungen Mann seines Alters „suboptimal", wie er es selbst bezeichnet. Denn immer, wenn der Bruder Lukas aus Innsbruck kommt, siedelt Markus um. Zu seinem jüngeren Bruder Moritz ins andere Zimmer. Doch auch hier hat Markus schon eine Lösung im Auge: Da er sich im Moment in der Top-Gruppe der Sporthilfe befindet, wäre eine eigene Wohnung durchaus im Bereich des Machbaren. „Kommt Zeit, kommt Rat", gibt sich der Student fatalistisch.

Doch sonst sei die Mutter nie besonders ängstlich gewesen, macht er ihr ein Kompliment. Einzig nach seiner Verletzung 2008 ist sie gar nicht glücklich, als Markus mit seinen Zweimeter-Latten die Speeddisziplinen bestreitet. Aber die Leidenschaft siegt: „Je weiter die Tore auseinander sind, desto wohler fühle ich mich." Wenn das kein Argument ist.

EIN STERN AM ALPINHIMMEL

MARKUS SALCHER HAT EINE BILDERBUCHKARRIERE HINGELEGT. DAS IST UNBESTRITTEN. DIE GRÜNDE? TALENT, KÖNNEN, EIN FUNKTIONIE-RENDES UMFELD, EIN ENGAGIERTER VERBAND, EIN MASTERPLAN UND – NATÜRLICH GLÜCK.

Vieles hat sich in der Karriere des Markus Salcher ergeben. Vieles hat sich Markus erarbeitet. Und so manches war geplant. Markus' Liebe zum Schifahren ist wohl seiner Herkunft geschuldet. Der Vater ist Trainer, die Großeltern besitzen ein Haus im Schigebiet Nassfeld, wo sich Markus austobt. Um sich ganz dem Sport widmen zu können, wählen der Junge und seine Eltern ganz gezielt die Schule aus, die ihm diese Möglichkeiten bietet. Und auch sein weiterer Ausbildungsweg steht im Zeichen seiner Leidenschaft, des Schirennsports, ohne eine gesicherte Zukunft zu vernachlässigen. Das klingt nach Masterplan, aber auch nach engagiertem Einsatz aller Beteiligten für den Schisport.

DIE AUSLOSUNG – EIN TRAUM

Markus erinnert sich genau: 2003 verfolgt er mit seinen Eltern die Auslosung für die Olympischen Winterspiele und die Paralympics 2010 im Fernsehen. Die Wahl fällt auf Vancouver. Dort will er dabei sein. Unbedingt. Das ist sein Traum mit 14 Jahren. Markus ist bereit, diesem Traum alles unterzuordnen. Und so durchläuft er die verschiedenen Kader im AustriaSkiTeam Behindertensport. 2007 fährt er erfolgreich im Europacup, 2008 steht sein erster EC-Sieg zu Buche. Den B-Kader überspringt der Shooting Star gleich und ist seit der Saison 2010/11 Mitglied der Nationalmannschaft.

Und 2010 ist es tatsächlich soweit. Markus ist dabei. Belegt mit seinen gerade einmal 18 Jahren den achten Platz im Super-G und den neunten in der Super-Kombi. Hätte er die notwendigen Punkte für einen Start bei den Spielen nicht beisammen gehabt, wäre Plan B in Kraft getreten: eine Reise nach Neuseeland, um dort noch schnell die nötigen Punkte einzufahren. So hat Markus in seinem jugendlichen Alter bereits erreicht, wovon andere nur träumen.

EDELMETALL IN SOTSCHI 2014

Doch „Dabeisein ist alles" ist Markus zu wenig. In Sotschi will er abräumen. Edelmetall ist das Ziel, das er verfolgt. Damit er mit seiner Familie feiern kann. Denn die war auch in Vancouver dabei. Mitsamt seiner Kopfsponsorin Ute Habenicht, ihres Zeichen Schmuckhändlerin, die es sich nicht nehmen ließ und lässt, ihrem Schützling bei Großereignissen persönlich vor Ort die Daumen zu drücken.

Doch nicht nur Habenicht unterstützt Markus Salcher. Schon seit einigen Jahren kann er sich auf seinen Ausrüster verlassen. War er bis 2010 nur ein kleines Rädchen im großen Unternehmen, so ist die Firma Völkl heute offiziell Salchers Ausrüster und führt ihn auch als Starter der eigenen Marke auf der Homepage. Markus dankt es seinen Geldgebern und Unterstützern mit zahlreichen Erfolgen und guten Leistungen.

Durch die guten Ergebnisse steigt sein Bekanntheitsgrad in zunehmendem Maße. „Im Gailtal kennen mich eigentlich die meisten Menschen, aber in Klagenfurt bin ich noch nicht soweit. Nach Vancouver, da ging beim Empfang in Tröpolach die Post ab. Und als Draufgabe habe ich eine Woche Urlaub geschenkt bekommen", erzählt er nicht ohne Stolz. Ob es ihm unangenehm sei? „Keineswegs, denn so viele Autogrammkarten muss ich noch nicht schreiben", erwidert er lachend. Und weiter: „Das Autohaus Patterer in Hermagor hat mir ein Auto für ein halbes Jahr zur Verfügung gestellt." Einen Skoda Yeti darf Markus sein Eigen nennen. Und wenn die Erfolge passen, geht die Partnerschaft vielleicht in die nächste Phase, hofft er. Auf der Rückseite des Yeti ist zu lesen:

„Auf dem Weg zu den Paralympischen Spielen in Sotschi 2014.
Powered by Autohaus Patterer."

Auch dieses Sponsoring ist das Ergebnis akribischer Vorbereitung und einer professionellen Sponsorenmappe, mit der der Autohändler überzeugt werden konnte.

NICHT ALLES GLÄNZT

Doch die Erfolgsgeschichte wird 2008 von einer schweren Verletzung jäh unterbrochen. Am 19. Dezember bricht sich Markus im Kühtai bei einem Rennen das Schienbein. Zum Glück ist der Teamarzt vor Ort, sodass auf der Stelle die richtigen Maßnahmen eingeleitet werden. Der Verunfallte wird ins Spital nach Innsbruck gebracht, wo der Knochen genagelt wird, ein Jahr später wird der Nagel entfernt. „Komplikationslos", wie Markus betont. Und bereits im März 2009 steht er wieder auf Schiern, um sich mit dem Schule-Fahren wieder an die Geschwindigkeit heranzutasten.

An eine Situation während dieser Zeit kann sich Markus besonders gut erinnern: Die erste Frage des Vaters im Spital war, ob er aufhören oder weitermachen wolle. Das ist für den hoffnungsvollen Rennläufer aber gar kein

Thema. Er will schnellstmöglich wieder zurück auf die Piste. Und dort steht er auch heute noch: In Sotschi will er sich seinen Traum verwirklichen: Edelmetall, am besten in einer Speeddisziplin. Denn die Geschwindigkeit ist es, die Markus so reizt. Wenn der Wind um die Ohren pfeift, wenn die Landschaft in einem Höllentempo vorbeibraust, wenn die Zuseher nur mehr schemenhaft wahrgenommen werden. Das ist Markus' Disziplin. Das ist es, was ihn reizt. Und so wird er keine Ruhe geben, bis er sich seinen großen Traum verwirklicht hat.

MARKUS SALCHER IN ZAHLEN

Geburtstag: 1. 6. 1991
Wohnort: Klagenfurt, Alfred-Kubingasse 9
Klub: SV Tröpolach, BSG Klagenfurt
im ÖSV-Kader: seit 2004
Beruf: Student
Behindertenklasse: LW 9
Behinderungsart: Hemiparese re. (seit Geburt)

Schi: Völkl
Schuhe: Lange
Brille/Helm: Uvex
Schistock: Komperdell
Handschuhe: Ziener

EMOTIONEN UND IMPRESSIONEN AUS LA MOLINA 2013

GESCHAFFT – GOLD IST MEIN!

Endlich ist es geschafft, mein bisheriger Karrierehöhepunkt, die Goldmedaille in der Abfahrt in La Molina ist mein. Es war ein hartes Stück Arbeit, aber ohne Fleiß kein Preis.

Nachdem ich heuer eine nahezu perfekte Saison in der Abfahrt hatte, reiste ich mit hohen Erwartungen in das spanische Schiresort La Molina. Wie wir wissen, hat jede Weltmeisterschaft ihre eigenen Gesetze. Genau aus diesem Grund konzentrierte ich mich noch mehr auf meine Stärken. Es war nicht leicht, alles rund um mich so auszublenden, dass der Fokus gewahrt blieb, zumal ich in beiden Trainingsläufen vorne war. So war ich mit der Strecke bestens vertraut, wusste um ihre Schwierigkeiten.

In der Nacht vor dem Rennen am 20. Februar schlief ich ganz schlecht. Mein Zimmerkollege Christoph Prettner meinte, ich sei sehr angespannt. Das mag wohl an der Tatsache gelegen haben, dass ich in der Favoritenrolle noch nicht sehr geübt war, und auch der persönliche Druck nahm mehr und mehr zu. Bis fünf Minuten vor meinem Start war ich zum Zerreißen gespannt, doch ich sagte mir: „Es ist nur ein Rennen, und ich kann das." So drückte ich mich im Starthaus ab und erwischte einen nahezu perfekten Lauf.

Als ich im Ziel auf die Anzeigentafel blickte und meinen Namen ganz oben sah, gab es für mich kein Halten mehr. Ich war Weltmeister. Der ganze Druck war innert Augenblicken verschwunden. Das Gefühl, die Bundeshymne nur für mich zu hören, war überwältigend.

Markus Salcher

SEINE GRÖSSTEN ERFOLGE

WM-Medaillen:	GOLD Abfahrt – La Molina 2013
	GOLD Super-G – La Molina 2013
	GOLD Teambewerb – La Molina 2013
1. WC-Sieg	Jänner 2012/GS Arta Terme/ITA
Sieger EC-Gesamt	Saison 2012/2013
	Saison 2011/2012
1. EC-Teilnahme	Jänner 2007 Schweden

2012/2013	Weltmeisterschaft La Molina – ESP	GOLD Abfahrt
		GOLD Super-G
		GOLD Teambewerb
	Weltcup	8. Platz Gesamtweltcup
		4. Platz Abfahrt gesamt
		9. Platz Riesentorlauf gesamt
	Europacup	GESAMTEUROPACUPSIEGER
		1. Platz Abfahrt gesamt
		1. Platz Super-G gesamt
2011/2012	Weltcup	6. Platz Gesamtweltcup
		2. Platz Super-G gesamt
	Europacup	GESAMTEUROPACUPSIEGER
		1. Platz Abfahrt gesamt
		1. Platz Super-G gesamt
		1. Platz Superkombination ges.
		1. Platz Riesentorlauf gesamt
2010/2011	Weltmeisterschaften Sestriere – ITA	5. Platz Abfahrt
		6. Platz Riesentorlauf
		9. Platz Super-G
2009/2010	Paralympische Winterspiele Vancouver	8. Platz Super-G
		9. Platz Superkombination
	Weltcup	10. Platz Riesentorlauf gesamt
	Europacup	2. Platz Gesamteuropacup

Sämtliche Erfolge unter www.austria-skiteam.at

WENN EROS DIE BÜHNE BETRITT ...

REINHOLD SAMPL

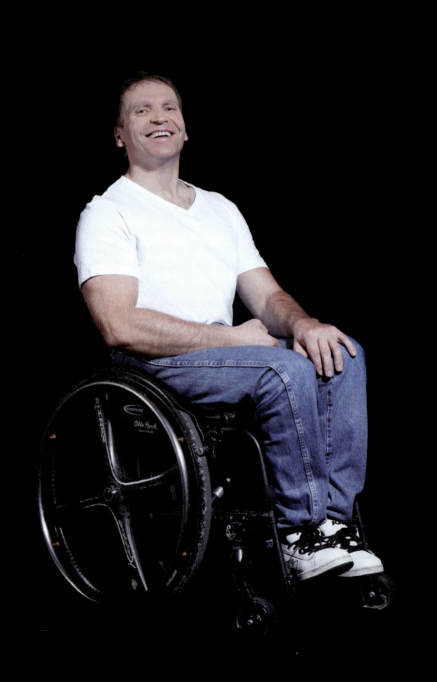

WENN EROS DIE BÜHNE BETRITT ...

... DANN GEHT DIE POST AB. UND WENN REINHOLD SAMPL SICH INS ZEUG LEGT, IST IMMER ETWAS LOS. EIN SCHELMISCHER BLICK AUS TIEF-BLAUEN AUGEN LÄSST SO MANCHES HERZ SCHMELZEN.

Ob sich der griechische Gott der Liebe mit diesem Blau messen könnte, wissen wir nicht, wir wagen es aber zu bezweifeln. Und wenn dieses Blau sich noch mit einem Zwinkern, das Reinhold angeboren scheint, paart, dann ist es geschehen. So kann sich Reini seine Pfeile sparen.

Harmlos sieht er aus, der kleine Eros. Und doch vermag er mit seinen Geschossen, die einen mit einer güldenen, die anderen mit einer bleiernen Spitze, die Liebe zu entfachen oder zu töten, je nachdem, was gerade gefragt ist. Damit kann er Menschen – und Götter – zum Happy End führen oder Tragödien auslösen, die in Krieg und Feindschaft münden. Ja so ist er, der kleine Eros. Ein Schelm, wie er im Buche steht, aber mit mannigfacher Wirkung. Und darüber hinaus besitzt er Flügel, um in die entlegensten Winkel dieser Erde zu gelangen.

Wenn wir uns Reini Sampl so ansehen, wie er mit spitzbübischem Lächeln dasitzt, so würde man meinen, er könne kein Wässerchen trüben. Doch hinter diesem fröhlichen Blick steckt viel mehr, als man ahnen möchte: Er hat sein Leben gestaltet, sich neuen Anforderungen gestellt und damit ein Sein geschaffen, das es ihm ermöglicht, sich vieles zu erfüllen, wovon er immer schon geträumt hat. Und schnell ist er, davon können seine Gegner ein Liedchen singen. Genauso wie Eros, sein Pendant.

EIN UNFALL IM „GUTEN" ALTER

REINHOLD SAMPL LIEBT DAS SCHIFAHREN. WENN ER MIT SEINEM MONOSCHI DIE SCHWIERIGSTEN PISTEN DER WELT HINUNTERBRETTERT, LEBT ER SEINE LEIDENSCHAFT. WIRD EINS MIT DEN ELEMENTEN, DIE IHN UMGEBEN.

Geradeaus muss es für Reinhold gehen. Den Berg hinunter im Höllentempo, dann fühlt er sich wohl. „Das Zickzack-Fahren ist nichts für mich", gibt er einmütig zu. Für ihn sind Slalom und Riesenslalom bestenfalls Training, um sich für das letzte Highlight seiner Karriere vorzubereiten: die Speeddisziplinen in Sotschi 2014. Reinhold ist ein Adrenalin-Junkie, das spüren wir in jeder Phase unseres Gespräches. So etwas wie Stillstand gibt es nicht in seinem Leben.

DER KICK MIT DEM KICKER

Das war auch schon kurz nach seinem Unfall, den er mit 24 Jahren hatte, so. Reinhold fährt nach einem Rennen mit dem Lift zurück zum Start. Um seine Schier zu holen, wie er uns erzählt. Guter Dinge schultert er die Latten und schwingt mit ihnen auf dem Rücken in Richtung Tal. Da lacht ihn im Abendlicht die Snowboardschanze an, über die er schon unzählige Male gesprungen ist. Kein Thema, denkt er sich, und nimmt kurzentschlossen Kurs auf den Buckel. Anfahrt und Luftstand sind eins, doch schon während seines abenteuerlichen Fluges merkt er: zu schnell, zu hoch, zu weit. Instinktiv wirft er die Ersatzbretter vom Rücken und landet etliche Meter weiter als sonst im Flachen. Die Beine übertragen die Brutalität des Aufsprungs direkt in den Rücken, wo ihm die Wucht des Aufpralls zwei Wirbel pulverisiert. Er fährt noch vier Meter und fällt dann in den Schnee, wo er regungslos liegen bleibt. Er schnappt nach Luft, spürt, dass etwas Gröberes passiert ist. Grotesk wird die Situation, als zwei Snowboarder, die Reinholds Sprung mitverfolgt haben, zu ihm herfahren und ihm in ihrem Slang ein Kompliment machen: „Hey Alter, fetter Jump!"

Schnell wird klar, dass Reinhold dringend ärztlicher Hilfe bedarf. Er wird innert kurzer Zeit geborgen und ins Spital gebracht. Die Diagnose: 11. und 12. Brustwirbel gebrochen. „Das Kreuz ab", wie er selbst salopper formuliert. Der Rest ist Geschichte.

ZU EINER „GUTEN" ZEIT

Rückblickend ist Reinhold froh, dass ihm der Unfall beim geliebten Schisport passiert ist. „Zu einer guten Zeit", wie er es selbst formuliert. Gibt es das, eine „gute" Zeit für einen solchen Unfall? Ja, antwortet er, denn mit 16 hätte die Sache wohl anders ausgesehen. Seine Jugend war „cool", die nehme ihm niemand mehr. So kann er mit einem reichen Erfahrungsschatz neu beginnen. Und dass er selber schuld ist. Denn so entfallen Grübeleien und Schuldzuweisungen, die ihn nicht weiterbringen, wie es der Sportler ausdrückt. Wut und Enttäuschung hat er nie empfunden, die Frage, warum gerade er, stellt er sich nicht. Er weiß, es gibt keine Antwort. Deshalb fokussiert er sich gleich wieder auf die Zukunft, aufs neue Leben. „Jammern kostet unnötig Energie", sagt er sich selber. Das sei bei Frischverletzten oft der Knackpunkt, erzählt er weiter und nennt als Beispiel seinen Zimmerkollegen in Bad Häring, der mit ähnlichen Verletzungen erst sechs Wochen später das Reha-Zentrum verließ und so sechs wertvolle Wochen seines neuen Lebens verschenkte.

NEUE ZIELE BRINGEN UNS WEITER

Das sei das Privileg vieler Sportler und positiv denkender Menschen: Sie halten sich nicht lange beim Status quo auf, sondern setzen sich mit neuen Gegebenheiten auseinander und formulieren ihre Ziele eben anders. Beispiele gefällig? Da sind sein Teamkollege Matthias Lanzinger, der Schweizer Silvano Beltrametti, der Autorennfahrer Alessandro Zanardi und viele mehr. Jeder von ihnen arbeitet mit den Ressourcen, die er hat, denn jeder, der hadert, verliert Zeit, viel kostbare Zeit, wird er nicht müde zu betonen.

Ein Satz, den sein kleiner Neffe ihm im Spital mitgegeben hat, ist Reinhold Sampl noch heute im Gedächtnis: Wir werden es schaffen und du wirst es auch schaffen! Diese Worte sind es, die für den passionierten Rennläufer die Situation beschreiben: dem Umfeld zu zeigen, dass es weitergehen kann, wenn alle daran glauben. So startet Reinhold in sein neues, nicht minder schönes, „cooles" und erfolgreiches Leben. Entweder du tust es oder du lässt es.

DIE GESCHÄFTE DES
HERRN REINHOLD

REINHOLD SAMPL BEWEIST NICHT NUR AUF DEN SCHIPISTEN DER WELT DURCHSETZUNGSVERMÖGEN UND INNOVATIONSKRAFT. AUCH IM GESCHÄFTSLEBEN IST ER IMMER FÜR EINE ÜBERRASCHUNG GUT.

Gelernt hat Reinhold Sampl in der Werkstatt bei seinen geliebten Boliden. Bei Porsche macht er in jungen Jahren eine Ausbildung zum Kfz-Mechaniker und -Elektriker. Reinhold wächst mit Realität gewordenen Männerträumen auf, er hat Benzin im Blut. Und dieses Virus lässt ihn auch heute noch nicht los, denn er plant schon seine zweite Karriere, die im Rennauto stattfinden soll. Doch da gibt es noch etwas zwischen erster Ausbildung und dritter Karriere.

XSAMPL – LIFESTYLE IM ROLLSTUHL

Nachdem Reinhold im Rollstuhl Platz genommen hat, ärgert ihn – man glaubt es kaum – die aktuelle Mode für Behinderte: Es gibt keine aktuelle Mode für Behinderte. Er, der Rollstuhlfahrer, ist gezwungen, Anzüge, die für „Fußgänger" gedacht sind, zu tragen. Diese Anzüge zwicken und zwacken, streifen und schleifen und passen einfach nicht so, wie sie passen sollten. Aber Reinhold wäre nicht Reinhold, hätte er nicht – wie so oft – seine eigene Lösung parat. Er geht zu einer Schneiderin und lässt sich seine Kleidung maßfertigen. Und damit ist eine neue Geschäftsidee geboren: ein Unternehmen, das Bekleidung für Behinderte herstellt.

2002 erstellt Reinhold Sampl ein Businessmodell samt -plan, überlegt, wie er den Betrieb aufstellt, wen er ins Boot holt, und schafft so die Grundlagen für ein lukratives Geschäft. Als alles bis ins Kleinste durchdacht ist, rollt er zur Bank und legt seine Vorstellungen dar. Die Reaktion ist – vorsichtig gesagt – verhalten. Gibt es ein Zielpublikum? Wie groß ist der Markt? Kann sich das lohnen? Jetzt kommt Reinhold in Fahrt und rechnet vor: Allein in Deutschland und Österreich gibt es weit über 50.000 Menschen, die im Rollstuhl sitzen, die ebenso den Wunsch nach eigens für sie gefertigter Kleidung haben, die ein solches Stück Lebensqualität für sich in Anspruch nehmen wollen. Nach langen Diskussionen, nach oftmaligem Abwägen des Für und Wider ist die Bank bereit, das Ihre zum Erfolg beizutragen. Das ist die Geburtsstunde eines neuen, besonderen Modelabels: xsampl – Lifestyle im Rollstuhl.

Hier hakt Reinhold im Gespräch ein: Auch im Tourismus gibt es ein großes Kundenpotenzial, wenn man Rollstuhlfahrer als Zielgruppe im Auge hat. Doch nur 15 Prozent dieses Potenzials würden schätzungsweise genutzt, glaubt er. Der Autobauer Audi ist da schon etwas weiter, weiß er. Als das Unternehmen diesen Geschäftszweig ins Leben rief, wurden zu Beginn 300 Autos verkauft, heute sind es weit über 8000.

AUDI, MOTIVATION UND „WINGS FOR LIFE"

Reinholds Idee geht auf, xsampl entwickelt sich und wird größer. In dem Maß wie das Unternehmen wachsen auch Aufgaben und Verantwortung. Neben der Herstellung der eigenen Kollektion produziert das Unternehmen Bekleidung für andere Firmen, die nur mittlere und kleine Stückzahlen benötigen. Damit ist es aus mit „schnell einmal ab auf die Piste", dafür stehen in der Garage zwei Sportflitzer, die er gerade 1000 Kilometer bewegt hat. Und auch die Partnerin kommt zu kurz. 2010 weiß Reinhold: Ich muss etwas ändern. Kurz entschlossen bereitet er seinen Ausstieg aus dem Unternehmen vor, seine „Mädels" erhalten eine Beteiligung und führen den Betrieb weiter. Nach drei Monaten ist das Ausstiegsprozedere über die Bühne. An seinem letzten Arbeitstag, einem Freitag, geht er noch einmal ins Unternehmen, um seinen Laptop und die privaten Dinge mitzunehmen. Dann ist der Firmengründer draußen. „Seither war ich dreimal im Büro in Innsbruck, um einen Kaffee zu trinken." Das zeugt von Konsequenz. Seine Anteile hält er weiter, und so profitiert er von seiner Geschäftsidee auch heute noch.

Seit seinem Ausstieg ist Reinhold hier und da, in Österreich und im Ausland, im Motivations- und im Automobilbusiness und weiß Gott noch wo, tätig. Reinhold ist ein bunter Vogel in der Szene, der weiß, was er will. So ist er für den Weltkonzern Audi auf Messen unterwegs, wo er behindertengerechte Automobile präsentiert, ist für „Wings for Life" von Red Bull tätig, um sich für die gute Sache einzusetzen, und hält nebenbei noch Vorträge in diversen Unternehmen. Dieser Bereich kommt ihm besonders entgegen, denn er kann bei vielen Themen mitreden und seine Erfahrung weitergeben: Er ist Unternehmer, war Angestellter, ist Spitzensportler und sitzt seit seinem halben Leben im Rollstuhl. Reinhold Sampl kennt die Perspektive von oben und von unten, er hat etwas zu erzählen. Und deshalb kennt er auch seinen Wert: „Handeln gibt es bei mir nicht. Entweder der Preis passt oder ich gehe Schi fahren." So einfach ist das, wenn man begehrt ist.

Sein Leben plant Reinhold nur bedingt voraus, denn man könne nicht alles planen. Masterpläne, wie seine Pension beispielsweise aussieht, gibt es bei ihm nicht. Statt dessen regieren Flexibilität und die Freude am Tun sein Leben.

EIN SPORTLER MIT LEIB UND SEELE

GESCHWINDIGKEIT IST ETWAS, DAS REINHOLD SAMPL IM BLUT LIEGT. DESHALB FÜHLT ER SICH AUF DER ABFAHRTSSTRECKE VIEL EHER ZU HAUSE ALS IM ZICKZACK-KURS DES SLALOMS. SAGT ER.

Bereits seit frühester Kindheit steht Reinhold Sampl auf den Schiern. Schon als Knirps von drei Jahren kurvt er den Erwachsenen zwischen den Beinen herum. Wie es sich für einen Lungauer gehört, ist er Mitglied im Schiverein USK Muhr und fährt auch Rennen, bis ihn mit 24 Jahren ein Unfall in den Rollstuhl zwingt. Doch dieses Vehikel ist für Reinhold kein Hindernis. Schnell kämpft er sich zurück, nimmt im Monoschi Platz und ist bald wieder auf der Rennpiste zu Hause. Seit 1996 zählt er zur Weltspitze in seiner Sportart, zahlreiche Top-Platzierungen bestätigen das eindrucksvoll. 2003 wirft ihn ein schwerer Sturz, bei dem er sich zahlreiche Rippen, die Schulter und das Handgelenk bricht, zurück, doch bereits ein Jahr später ist er wieder im Weltcupzirkus unterwegs.

EINE MEDAILLE IN SOTSCHI

Sein letztes großes sportliches Ziel im Monoschifahren ist eine Medaille in Sotschi, die er sich umhängen will. Deshalb bestreitet er in seiner definitiv letzten Saison 2013/14 nur mehr Speedrennen, um sich gezielt auf Abfahrt und Super-G in Sotschi vorzubereiten. Slalom und Riesenslalom – „Kann i ned und mog i ned" – dienen ihm dabei als willkommene Trainingseinheit, um seinen Traum zu verwirklichen.

Daneben bastelt Reinhold bereits an seiner nächsten Karriere: Er will im Motorsport Fuß fassen. Er ist sich bewusst, dass ein Ausflug in dieses Gebiet mitunter sehr teuer kommt. Deshalb bereitet er auch dieses Abenteuer akribisch vor: Die Sponsoren sind aktiviert, ein Rallyeauto – ein Mitsubishi EVO 10 – bereits gekauft, erste Erfahrungen in einem Porsche schon gemacht. Doch Reini ist klar, dass er nicht auf Anhieb vorne mit dabei sein wird. „Ziel muss sein, sich im Mittelfeld zu platzieren und eine gute Figur abzugeben. Denn eines ist klar: Als Quereinsteiger und Rollstuhlfahrer wird es nicht leichter", so die realistische Aussage von Reinhold. Fernes Ziel ist die Langstreckenklasse in einem Audi, wo er sich die besten Chancen ausrechnet.

GUTE PR IST DAS UM UND AUF

Verhandlungen mit diversen Filmteams laufen bereits, denn was Sampl an-
packt, hat Hand und Fuß. „Wenn ich zu meinen Sponsoren gehe und Geld
möchte, dann ist ein Blatt Papier zu wenig", sagt Reinhold. Deshalb will er
sie mit einem professionellen Video und hochwertigen Unterlagen von seinem Vorhaben überzeugen. Überhaupt hat der Sportler die Macht der Medien
schnell erkannt und für sich zu nutzen gewusst. Seit vielen Jahren bastelt er
an seinem Netzwerk, das in zunehmendem Maße gut funktioniert und ihm
viele Tore öffnet.

In diesem Zusammenhang verweist er auf die jungen Sportler, die bereits viel
früher mit Medienarbeit konfrontiert sind als seine Generation. Als Beispiel
erwähnt er unter anderen Roman Rabl, der durch die Unterstützung der Sponsoren seinen sportliche Weg in viel professionellerem Ausmaß gehen kann, als
das zu seiner Zeit denkbar war. So können sich die Sportler mehr und mehr
ihrer Aufgabe – dem Training und dem Wettkampf – widmen, ohne sich jeden
Tag um ihre Existenz Sorgen machen zu müssen. Doch eines bleibt immer
gleich: Trainieren muss jeder Sportler immer noch selbst, genauso muss er am
Punkt X seine optimale Leistung abrufen. Das ist das Holz, aus dem erfolgreiche Sportler geschnitzt sind.

REINHOLD SAMPL IN ZAHLEN

Geburstag: 24. 11. 1972
Wohnort: Muhr, Vordermuhr 17
Klub: USK Muhr/BSVL/SBBSV
im ÖSV-Kader: seit 1999
Beruf: selbstständig
Behindertenklasse: LW 11
Behinderungsart: Querschnitt nach Schiunfall/1996

HOL DIE MENSCHEN AB!

FASZINIERT HÖREN WIR EINEN KNAPP 40-JÄHRIGEN REDEN. WIE IHM DER SCHNABEL GEWACHSEN IST. BESTIMMT IN DEN AUSSAGEN, POINTIERT IN SEINEN ANSICHTEN. DAS IST REINHOLD SAMPL, ERFOLGREICHER SPORTLER UND GESCHÄFTSMANN.

Reinhold stammt aus dem Lungau in Salzburg, wo das Schifahren mehr zählt als alles andere. Bereits mit drei Jahren steht er auf den Schiern und zieht dieses Hobby durch, wie es sich für einen Lungauer gehört. Mit seinen Freunden fährt er Rennen, trainiert und genießt das Leben. Mit 22 wird ihm eine Snowboardschanze zum Verhängnis: etwas zu schnell, etwas zu hoch, etwas zu weit und schon sitzt er im Rollstuhl. Die Zeit nach dem Unfall ist eine „Selbstfindungsphase" für ihn, in der er sich noch mehr auf das fokussiert, was ihn besonders interessiert. Auch sein Umfeld kann mit dem, was passiert ist, mitwachsen. Schnell ist der Umgang mit dem Rollstuhl für alle selbstverständlich und problemlos. Und an dieser Stelle wird ein Teil der Lebensphilosophie des Reinhold Sampl klar:

DIE MENSCHEN ABHOLEN

„Als Behinderter darfst du dich nicht gehen lassen und von deinem Umfeld das Unmögliche erwarten. Du musst die Menschen um dich abholen, ihnen zeigen: Es geht weiter, damit sie dir helfen können. Das ist eine Bringschuld der Behinderten." Reinhold ist überzeugt, dass jeder sein Leben selbst in die Hand nehmen kann und muss, um seine Ziele zu erreichen. Und manchmal müssen diese Ziele eben neu formuliert werden: so, wie es bei ihm der Fall war.

Wie so viele kommt er nach seinem Unfall nach Bad Häring zur Reha. Das, was anderen widerfährt, ist für Reinhold jedoch weit weg: Das berühmte schwarze Loch, in das so viele fallen, zeigt sich nicht. Nie. Und es interessiert ihn auch nicht: „Ich muss mich nicht damit beschäftigen und Kraft, Energie und Zeit für etwas verschwenden, das nicht da ist. Und sollte es doch noch kommen, habe ich immer noch Zeit dazu."

Eines Nachts um drei Uhr, als er mit Freunden zu fortgeschrittener Stunde beim Weißbier sitzt, stellen sie sich die Frage: Was hat Reinhold verloren? An dieser Stelle rechnet er ihnen vor: „Klettern geht nicht mehr. Daneben sind es weitere 13 bis 15 Dinge, die ich nicht mehr oder nicht mehr so gut machen kann. Gut. Lasst uns diese Zahl verdoppeln, dann kommen wir auf 30. Jetzt ziehen wir diese 30 Dinge von den 365 Möglichkeiten, die jedes Jahr bietet, ab. Bleibt da nicht noch eine Menge?" Reinholds Schlussfolgerung: „Ich habe nicht 80 Prozent meines früheren Lebens verloren, sondern nur einen Bruchteil davon. Und diese Zeit, die ich scheinbar verloren habe, kann ich anders, neu nutzen."

Man verliert kein Leben, sondern erhält sich eine große Zahl von Möglichkeiten. Das erkennen auch die Freunde. An dieser Stelle legt Reinhold Sampl noch nach: Für viele ist es leichter, für ihr Versagen ein Handicap oder andere Gründe vorzuschieben. „Ein Mensch mit 160 Zentimeter Körpergröße kann höchstwahrscheinlich nicht Basketballprofi werden, auch wenn er es möchte. Deshalb muss er umdenken und sein Leben anders gestalten. Das ist der Schlüssel zu einem vernünftigen, weil sinnerfüllten Leben." Doch er ist sich auch bewusst, dass ein solcher Unfall mit 16 oder 17 Jahren sein Leben in eine andere Richtung hätte lenken können. Wir verneigen uns vor dieser Weisheit.

BEHINDERTENINTEGRATION – EIN EIGENES KAPITEL

Reinhold wurde im November 1972 geboren. Er zählt in Sotschi schon zu den Routiniers. Seine sportliche Karriere ist nach den Spielen beendet. Definitiv, wie er bestimmt und glaubwürdig versichert. Danach warten andere Ziele auf ihn, die er noch erreichen möchte. Doch eines ist auch für ihn frappant: Der Umgang mit Behinderten in der Gesellschaft ist ein anderer als noch vor 20 Jahren. In diesem Zusammenhang entwickelt sich der Spitzensport für ihn in eine neue, gute Richtung: Die Professionalisierung schreitet voran und der Spitzen- und der Breitensport gehen in eigene, unterschiedliche Richtungen. So kann jeder Behinderte seinen eigenen Weg wählen, denn es sei eben nicht jeder zum Olympiasieger geboren.

Über Behindertenintegration in der Gesellschaft hat Reinhold seine eigenen, besonderen Ansichten: Für ihn war das durch einen ehrlichen und treuen Bekanntenkreis, ein funktionierendes Umfeld und nicht zuletzt wegen des eigenen Engagements nie ein Thema: Er nimmt sein Leben auch nach dem Unfall schnell in die eigenen Hände, ist innert kurzer Zeit wieder auf den Pisten, auch wenn – wie er es vorsichtig ausdrückt – Menschen auf einem Monoschi für andere ungewöhnlich anmuten. Doch er unterstellt niemandem, der damit ein Problem hat, der vielleicht ungeschickt agiert, Bösartigkeit, sondern „die Menschen kennen dieses Thema eben nicht. Und genau deshalb ist die mediale Präsenz wichtig: Die Menschen müssen sehen, erkennen und verstehen, dass für uns Behinderte sehr viel möglich ist".

Dass dieses Verstehen ein kurzer Prozess sein kann, illustriert Reinhold am Beispiel eines Freundes aus Salzburg, der in seinem Hotel eine Rampe baut, weil er erkennt, dass sich Rollstuhlfahrer damit unendlich leichter tun. „Für mich gibt es keine Behinderung", ist Reinhold überzeugt, „für mich gibt es nur Stufen. Nur wenn Stufen da sind, ist die Behinderung präsent." Diese

Sestriere 2010

einfache, aber glasklare Logik ist es, die Reinhold Sampl in dem, was er sagt, denkt und tut, auszeichnet.

Und so zieht er die einzig stimmige Schlussfolgerung: Das Thema „Behinderung" muss in das Bewusstsein der Öffentlichkeit gelangen, muss thematisiert werden und muss so zu einer Selbstverständlichkeit werden, wie es sie bisher nur in Kanada, den USA und den skandinavischen Ländern gibt. Doch Reinhold wäre nicht Reinhold, wenn er in ein Lamento über die Gesellschaft ausbrechen würde. Im Gegenteil: Er anerkennt die bestehenden Bemühungen und weist darauf hin, dass in den genannten Ländern Behindertenintegration eben schon viel früher stattgefunden habe. Man müsse das eben aufholen.

VON TANKWARTEN UND ANDEREN UNGLÄUBIGEN

Ein weiteres Beispiel verdeutlicht diese These: „Vor einiger Zeit war ich mit meinem Audi in Deutschland unterwegs, als ich um drei Uhr nachts an einer Tankstelle nahe Stuttgart tanken wollte. Ein freundlicher Tankwart erkundigt sich bei mir, wo denn mein Fahrer sei." Als Reinhold erklärt, dass er sein eigener Fahrer sei, blickt ihn dieser ungläubig an. Er will nicht verstehen, wie ein Querschnittgelähmter selbstständig ein Auto fahren könne, ja, wie er überhaupt alleine ins Wageninnere komme. Geduldig expliziert Reinhold, wie das so funktioniert. Nach seiner Abfahrt lässt er einen verdutzten Tankwart zurück. Vielleicht hat Reinhold hier wieder ein bisschen Aufklärungsarbeit geleistet. Überhaupt ist es für ihn wichtig und notwendig, dass Personen wie er und seine Sportlerkollegen in die Öffentlichkeit gehen, um den Menschen die Scheu im Umgang mit Behinderungen zu nehmen. So ist er immer wieder in Schulen, Vereinen, Unternehmen oder bei anderen Veranstaltungen zu finden, wo er auf Menschen zugeht, mit ihnen spricht, ihnen die Unsicherheit nimmt.

„GESETZE NÜTZEN NICHTS, WENN WIR SIE NICHT LEBEN"

Als wir auf die gesetzlichen Bedingungen zu sprechen kommen, zeigt sich Reinhold Sampl skeptisch. „Gesetze nützen nichts, wenn wir sie nicht leben", gibt er zu bedenken und führt als Beispiel wieder seinen Freund in Salzburg an. Nach Reinholds Unfall erkennt dieser schnell, dass Rampen das Leben von Rollstuhlfahrern unendlich erleichtern. Für den Umbau seines Hotels sucht er um eine Förderung beim Land an. Ein Behindertenbeauftragter, selbst Rollstuhlfahrer, besichtigt die Baustelle. Vorschriften reihen sich an Vorschriften, schlussendlich gibt es mehr Gründe, die Rampe nicht zu bauen als sie zu realisieren. Irgendwann meint der Hotelier, der Beauftragte könne mit ihm noch einen Kaffee trinken, dann sei die Sache für ihn erledigt. Das Problem: Der Bau streng nach Vorschrift hätte Unsummen verschlungen und im Endeffekt keinen erkennbaren Nutzen gebracht. So bleibt die Rampe eine Privatinitiative des Hoteliers ohne Förderung.

Auch im Landhaus des Landes Salzburg hätte man sich, so Reinhold, den behindertengerechten Umbau sparen können, wenn man im Erdgeschoss des Gebäudes einen Besprechungsraum mit einer Glocke eingerichtet hätte. Das Geld, das in die Adaptierung des denkmalgeschützten Gebäudes geflossen ist, wäre nach Ansicht Sampls woanders besser investiert gewesen. Für Reinhold Sampl, gelernter Automechaniker und -elektriker, zählt in solchen Dingen der Hausverstand mehr als Vorschriften.

Reinhold Sampl ist ein Mensch, der sein Herz auf der Zunge trägt: offen, ehrlich, manchmal unbequem, aber immer mit einer Botschaft. Ihm zuzuhören ist ein Gewinn. Für jeden von uns.

EMOTIONEN UND IMPRESSIONEN
AUS LA MOLINA 2013

REINI SAMPL IM RACING-STIL

Vorbereitung auf die WM gut verlaufen, dann ein entzündetes Eisen im Fuß in St. Moritz, ab nach Innsbruck ins Krankenhaus. Diagnose: WM vorbei, drei Wochen Krankenhaus mit drei Operationen. Was will ich sagen? Der Heilungsprozess ist besser verlaufen als erwartet. Ich konnte trotz allem noch drei Schitage einlegen, was mich und die Trainer zu dem Entschluss brachte, es zu versuchen. Ist ja schließlich eine WM. Zwei Tage vor der Anreise nach Spanien wurden mir die Fäden gezogen. Das erste Downhill-Training zeigte, dass ich viel mit meiner Erfahrung und ein wenig „Mut zum Risiko" wettmachen kann. Ich war vorne dabei, beim zweiten Training schaute der dritte Platz heraus, ich war in Schlagweite zum Schnellsten.

THE RACE

Beim Rennen verlief soweit alles gut, nur im oberen, sehr flachen Teil erwischte ich nicht den schnellsten Schi. Die Folge: Zeitverlust, den ich aber zu einem großen Teil aufholen konnte. Ich freute mich über die Drei, die auf der Anzeigetafel aufleuchtete, doch mit der vorletzten Nummer kam der Deutsche Hanfstingel. Mit einer Vollwaffe von Schi nahm er mir oben fast drei Sekunden ab. Diesen Vorsprung brachte er ins Ziel. Der Vorletzte gewinnt das Rennen. So ist das eben. Vierter Platz für mich. Vierte Plätze tun bei Großevents an sich richtig weh, doch dieser am wenigsten. Mit meiner Vorgeschichte verbuchte ich ihn als vollen Erfolg. Leider unbelohnt. Im Super-G wagte ich noch einmal alles, bei der Zwischenzeit war ich auf Medaillenkurs, leider bin ich kurz vor dem Ziel ausgeschieden, that's racing.

DER SINN VON VIERTEN PLÄTZEN

Den Rest der WM verbrachte ich mit Fieber im Bett, damit hake ich diese WM mit einem guten vierten Platz ab und zeigte, dass ich im Speed jederzeit mit den Besten mithalten kann. Doch es bedarf auch im Behindertensport einer 100%igen Fitness, sonst ist man nicht dabei. Wieder einmal fehlte mir – wie schon so oft bei Großevents – das nötige Glück für eine Medaille, aber ich bin stolz für Österreich dabei gewesen zu sein und eine coole WM erlebt zu haben, vielleicht finde ich auch den Sinn meiner vierten Plätze heraus.

Reinhold Sampl

SEINE GRÖSSTEN ERFOLGE

Letzter WC-Sieg	Jänner 2010/Abfahrt Sestriere/ITA	
Letzter EC-Sieg	März 2012/Super-G Auron/FRA	
2012/2013	Weltmeisterschaft La Molina – ESP	4. Platz Abfahrt
	Weltcup	6. Platz Abfahrt gesamt
2011/2012	Europacup	8. Platz Gesamteuropacup
		1. Platz Super-G gesamt
2010/2011	Verletzt nach WM-Abfahrtsteilnahme in Sestriere – ITA	
2009/2010	Paralympische Winterspiele Vancouver	5. Platz Slalom
		7. Platz Super-G
		10. Platz Abfahrt
	Weltcup	5. Platz Abfahrt gesamt
		6. Platz Gesamtweltcup
2008/2009	Weltcup	14. Platz Gesamtweltcup
		10. Platz Abfahrt gesamt
		14. Platz Super-G gesamt
2007/2008	Weltcup	7. Platz Gesamtweltcup
		6. Platz Super-G gesamt
	Europacup	2. Platz Super-G gesamt
2006/2007	Weltcup	7. Platz Gesamtweltcup
		7. Platz Super-G gesamt
2005/2006	Europacup	5. Platz Super-G gesamt
2004/2005	Europacup	3. Platz Gesamteuropacup
	Weltmeisterschaft Wildschönau – AUT	4. Platz Slalom

Sämtliche Erfolge unter www.austria-skiteam.at

FRISCH WIE ZEPHYROS

MARTIN WÜRZ

FRISCH WIE ZEPHYROS

MARTIN WÜRZ IST WIE ZEPHYROS, DER WÄRMENDE WESTWIND, IN DIE WELT DES SCHISPORTS GEFAHREN. MIT SEINER UNBEKÜMMERTEN UND UNVERBRAUCHTEN ART HAT ER VIELEN MENSCHEN FREUDE BEREITET UND SIE FÜR SICH EINGENOMMEN.

Martin verliert seine linke Hand mit 13 Jahren durch eine Explosion. Doch anstatt in Selbstmitleid und Depression zu versinken, geht er seinen eigenen Weg. Er arbeitet an sich, entwickelt neue Strategien und bleibt dabei stets freundlich und bescheiden. Extrem fokussiert schafft er 2011 den Sprung in den B-Kader, 2012 in den A-Kader. 2014 in Sotschi möchte er noch vornehmlich Erfahrung sammeln, bevor er seinen Großangriff auf paralympisches Edelmetall startet.

DIE JUNGEN WILDEN

Der Niederösterreicher aus Maissau ist wie der frische Westwind in das Schiteam der alpinen Behindertensportler gefahren und mischt mit seinen Teamkollegen, den jungen Wilden, den Welt- und Europacupzirkus auf. Noch zollen sie bei den verschiedenen Rennen ihrer Unbekümmertheit Tribut, denn wer bremst, verliert. Doch auch ihnen wird die zunehmende Erfahrung die Konstanz bringen, die nötig ist, um über einen längeren Zeitraum gleichbleibend gute Leistung zu bringen und Erfolg zu haben. Doch eines haben die Jungen – Martin Würz, Thomas Grochar, Markus Salcher, Christoph Prettner und wie sie alle heißen – heute schon geschafft: Sie haben nach Vancouver 2010 die Fenster im Team geöffnet, sind mit ihrer erfrischenden Art und Unbekümmertheit in das bestehende Gefüge eingedrungen und haben ihm eine Frischzellenkur verpasst. Sie sind die Generation von morgen, die der Öffentlichkeit noch viel Freude machen wird. Und Martin Würz ist „mittendrin statt nur dabei".

WIE EIN DONNERSTAG EIN LEBEN ÄNDERT

MARTIN WÜRZ LEBT IN MAISSAU IM BEZIRK HOLLABRUNN IM SCHÖNEN NIEDERÖSTERREICH. WIE ALLE BUBEN IN SEINEM ALTER HAT AUCH ER ES FAUSTDICK HINTER DEN OHREN UND LIEBT DIE SILVESTERKNALLEREI.

Doch was in den meisten aller Fälle glimpflich ausgeht, sollte für Martin einen tiefen Einschnitt in seinem jungen Leben bedeuten. Doch alles der Reihe nach. Der 3. Mai des Jahres 2007 hat nichts mit Silvester zu tun. Auch nichts mit Geburtstag. Und auch sonst ist es kein Tag zum Feiern. Es ist ein ganz normaler Donnerstag wie unzählige andere davor und danach auch. Vom vergangenen Jahreswechsel sind noch Schweizer Kracher und anderes pyrotechnisches Material übrig. Denn dieses Jahr ist in Maissau bei Familie Würz nicht geschossen worden. Und so kommt Martin und seinen Freunden die glorreiche Idee, einen Superkracher zu bauen. Welcher 13-Jährige wünscht sich das nicht?

MUTTER SEI DANK

Im Keller verbarrikadieren sich die Burschen und beginnen ihr verhängnisvolles Spiel. Sie leeren das Pulver von mehr als 50 Krachern in ein Rohr. Um das Behältnis zu verschließen, will Martin das obere Ende mit dem Hammer auf dem Schraubstock flachklopfen. Plötzlich zerreißt ein mörderischer Knall das Dämmerlicht des Kellers, das Rohr ist explodiert. Instinktiv schließt Martin die Augen, weicht ein paar Schritte zurück und hört ein Schreien. Sein erster Gedanke: „Hoffentlich hat das die Mama nicht gehört." Dieser Wunsch bleibt – Gott sei es gedankt – unerfüllt. Die Mutter, die nebenan in der Waschküche beschäftigt ist, eilt erschrocken sofort zu den Buben in die Werkstatt und muss einem Unglück ins Auge blicken.

Überall sind Spuren der Explosion zu sehen, ihr Junge steht mit blutiger Linker vor ihr, leichenblass und sprachlos. Seine Kameraden sind verstört, wissen nicht, wie ihnen geschieht. „Der Anblick war grausig", erinnert sich Martin, als ob es gestern gewesen wäre, „aus der Hand ragten Knochen hervor, der Rest war nur mehr eine undefinierte Masse." Trotz allem verspürt er keinen Schmerz, vielmehr brennt und zieht die Wunde. Geistesgegenwärtig läuft die Mutter in den oberen Stock, um das Mobiltelefon zu holen und Hilfe zu rufen. Via Notruf bekommt sie überlebensnotwendige Tipps für Martin: die Wunde abdecken, damit er sie nicht sieht und bei Bewusstsein bleibt.

EIN KÄMPFER WIRD ZUM MANN

Innert kürzester Zeit wird Martin mit dem Hubschrauber nach Wien ins AKH geflogen, wo er erstversorgt wird. Durch den Schock hält sich der Blutverlust in Grenzen, trotzdem schwebt er zu dieser Zeit in Lebensgefahr, die aber schnell gebannt ist. Jetzt versuchen die Ärzte das Kunststück, einen Finger zu retten, um später aus einer Zehe einen neuen Daumen zu formen, der ihm das Greifen erleichtern soll. Doch dieses Vorhaben misslingt aufgrund von Durchblutungsstörungen. Trotzdem verläuft der Heilungsprozess bei Martin erstaunlich schnell. Nach drei Wochen Spitalsaufenthalt und insgesamt sechs Wochen nach dem Unfall sitzt er bereits wieder in der Schule bei seinen Freunden und schließt das Schuljahr erfolgreich ab.

In den Monaten Juli und August kommt Martin zur Reha nach Weißer Hof in Klosterneuburg, wo er lernt, seinen Alltag neu zu ordnen, außerdem wird seine erste Prothese angepasst. Doch auch hier gibt sich der Junge kämpferisch und kann bereits nach fünf statt nach geplanten acht Wochen das Zentrum verlassen. Ob er sich je Vorwürfe gemacht hat? „Ja, nach dem ersten Tag im AKH war ich verzweifelt. Ich wusste nicht, wie es weitergehen sollte", erinnert sich Martin, „die Mama hat es mir ja gesagt, ich solle die Finger von den Krachern lassen." Doch der damals 13-Jährige lässt sich nicht unterkriegen. Er denkt schnell wieder an das Hier und Jetzt. Weiß, dass es weitergehen wird. Weiß, dass er wieder Rad fahren kann. Seinem geliebten Sport nachgehen wird.

Auch die Freunde sind da. Zuerst ein bisschen unbeholfen. „Wie können wir dir helfen?" Martin zeigt seinem Umfeld, wozu er in der Lage ist und wo er Hilfe braucht. Schnell lernten auch die Menschen, die ihn begleiten, mit der Behinderung von Martin umzugehen. Es ist nicht viel, was Martin nicht kann. Selbst in der Schule – er besucht mittlerweile die HTL für Maschinenbau – steht er in der Werkstatt seinen Mann. Es hat sich scheinbar nicht viel geändert. Oder doch. Martin ist plötzlich ein besserer Schüler. Ist fokussierter. Weiß, was er will. Aus dem Lausbub ist ein junger Mann geworden.

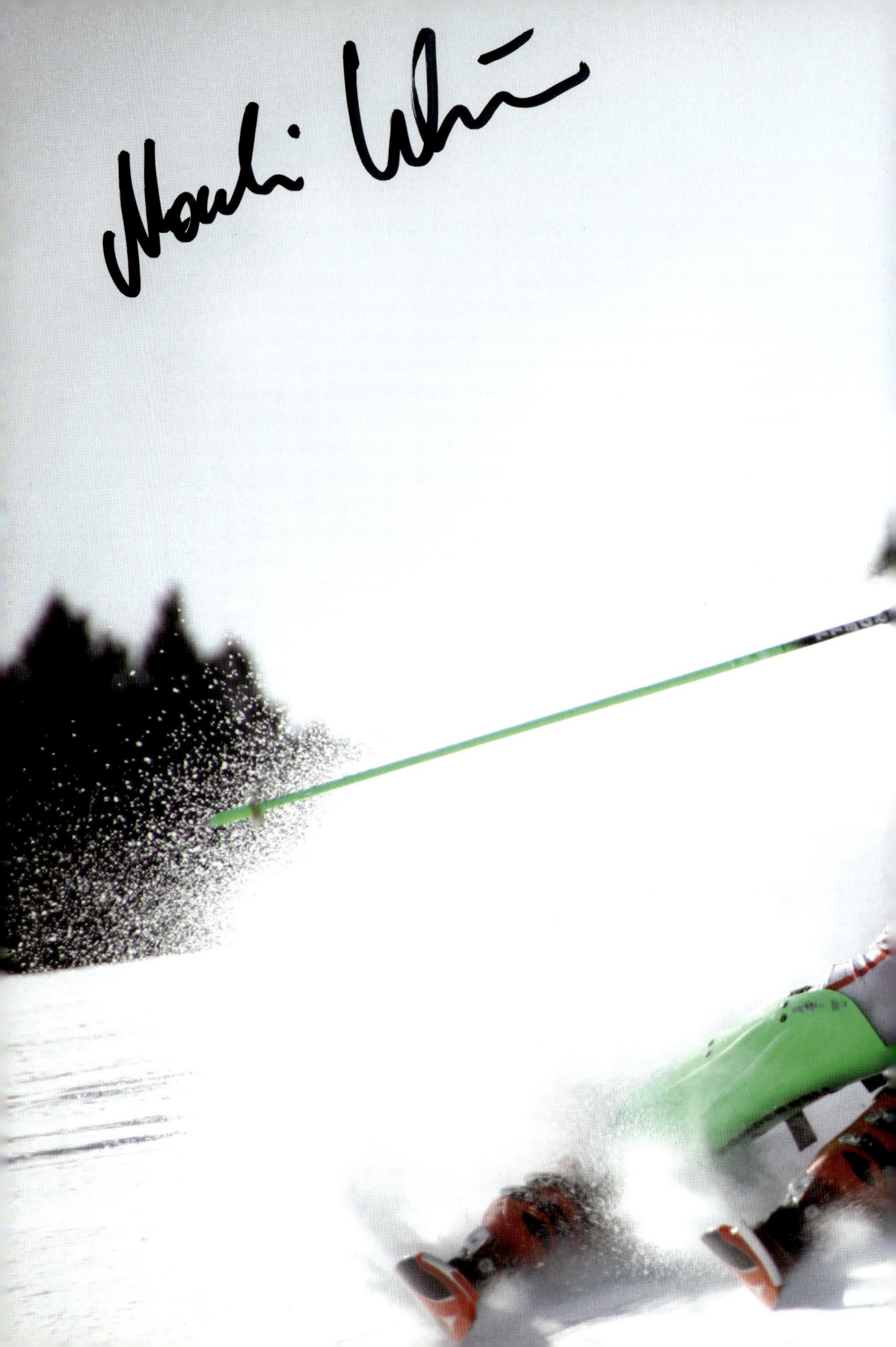

„SPORT IST MEIN LEBEN!"

SEIT MARTIN WÜRZ DENKEN KANN, TREIBT ER SPORT. RADFAHREN, SCHIFAHREN, ALLES, WAS MIT BEWEGUNG ZU TUN HAT, MACHT IHM FREUDE. SEIT SEINEM UNFALL ABER WILL ER MEHR.

Mit 13 Jahren trifft Martin die Wucht des Schicksals und nimmt ihm die linke Hand. Aber es gibt ihm auch die Kraft aufzustehen, die mentale Stärke weiterzumachen, das Gen, das Sieger hervorbringt. Bei seiner Reha im Weißen Hof in Klosterneuburg wird Martin seine erste Prothese angepasst. Doch Prothesen trägt Martin nur dann, wenn es gar nicht mehr anders geht. „Sie sind nicht angenehm", grinst er. Und deshalb hat sich der angehende Maschinenbautechniker seine eigenen Lösungen gebastelt. Beim Radfahren schaut er sich das System der Fußclips ab und entwickelt eine ähnliche Konstruktion für die Hand, die er mit einer eigens dafür gefertigten Prothese im Lenker einklickt. Und beim Schifahren lässt er die Prothese gleich ganz weg. „Stört nur", meint er lapidar.

VOM DURCHSCHNITT ZUR SPITZE

Doch woher kommt dieses Geschick des Martin Würz? Nach der Hauptschule will er die HTL für Maschinenbau in Hollabrunn besuchen. Zwischen Aufnahme und Schulantritt fällt jedoch der Unfall. Martin zweifelt. Geht sich das noch aus? Er fragt in der Schule nach. Kann ich auch mit einer Hand den Abschluss schaffen? Die Lehrer sind optimistisch, Martins Befürchtungen unbegründet. Er stellt sich in der Schule sehr geschickt an, meistert alle Hürden und setzt, wo es nicht anders geht, die Prothese ein.

Es kommt noch besser: Martin, in der Hauptschule ein – nach eigenen Angaben – mittelmäßiger Schüler, schreibt nur mehr gute Noten. Sein Ehrgeiz ist geweckt, er wechselt von der Fachschule in die fünfjährige HTL und maturiert im Jahre 2012. „Nach meinem Unfall hat sich im Kopf etwas geändert", weiß er, er sei in der Folge an seine Aufgaben herangegangen. Auch die Vorsicht schlich sich bewusster in sein Leben. „Heute", gibt er zu, „wäge ich gewisse Situationen im Vorfeld ab. Ich vermeide so unnötiges Risiko."

Martin Würz geht seinen Weg. Nach der Matura wechselt er 2012 an die TU in Wien, wo er die Studienrichtung Wirtschaftsingenieurwesen-Maschinenbau belegt. „Ich war ein guter Schüler", erzählt er von seinen Studienanfängen, „doch am Anfang war die Mathematik-Vorlesung ein kleiner Schock für mich.

Training in der Schihalle in Hamburg

Ich musste vieles neu lernen, doch auch das habe ich geschafft." Die ersten Prüfungen sind bestanden. Im Moment pendelt Martin von Wien nach Maissau, doch das Studium ist nur sein halbes Leben. „Ich konzentriere mich jetzt auf den Sport. Das Studium muss eben ein bisschen warten. Im Sommer bleibt dafür noch genug Zeit."

VOM DORFVEREIN ZUM AUSTRIASKITEAM

Für Martin, der wie viele seiner Teamkollegen nicht in den Alpen lebt, ist das Schneetraining aufwändig. Zu den Trainingskursen auf die Gletscher ist er meist Stunden unterwegs, in der Umgebung sind die kleineren Schigebiete in zwei bis drei Stunden zu erreichen. Oft sieht man ihn in Lackenhof, Gosau, auf dem Semmering oder dem Jauerling, wo er seine Schwünge zieht. Das Schifahren war schon immer ein Bestandteil seines Lebens. Als Mitglied des SC Ravelsbach steht er schon früh auf den Schiern, denkt aber zu keiner Sekunde daran, eine Rennläuferkarriere einzuschlagen.

Das ändert sich nach seinem Unfall schlagartig. Der NÖVSV – Niederösterreichische Versehrtensportverband – sucht unverzüglich den Kontakt zu dem jungen Frischverletzten. Der Präsident des Verbandes, Markus Traxler, erzählt ihm von den sportlichen Möglichkeiten, die sich bieten, und lädt ihn zu einer Veranstaltung ein. Beim Jugendtag bekommt er die verschiedensten Sportarten präsentiert und kommt mit Weltmeistern, Olympiasiegern, Staatsmeistern ins Gespräch. Am Ende des Tages steht für Martin fest: Das will ich auch erreichen.

Er verlegt sich ganz aufs Schifahren und hat bereits im Dezember, also sieben Monate nach seinem Unfall, sein erstes Schneetraining in den Beinen. Jetzt geht es Schlag auf Schlag: Nach kurzer Zeit ist Martin im Landeskader, seit 2012 fährt er im A-Kader des AustriaSkiTeam Behindertensport mit. Seine Vorbilder, die ihn mit 13 Jahren zum Rennsport gebracht haben, sind jetzt seine Teamkollegen und Konkurrenten: Claudia Lösch, die nur wenige Kilometer von ihm entfernt wohnt, Reini Sampl, der sein Vater sein könnte, Philipp Bonadimann, der ihm den einen oder anderen Tipp gibt. Sie alle, die er vor wenigen Jahren noch bewundert hat, sind ihm jetzt so nah.

MARTINS WOCHE VOLL DES LEBENS

Das Teamleben genießt er in vollen Zügen. „Im Winter sehe ich meine Kollegen öfter als die Familie." Kein Wunder, denn ab September heißt es am Montag ab nach Wien, von Wien geht es am Mittwoch zum Training und am Sonntag zurück nach Hause, um am Montag wieder im Hörsaal zu sitzen. So kommt Martin auf keine dummen Gedanken. Im Team herrscht trotz aller Rivalität eine tolle Stimmung. Martin genießt die Mischung von Jung und Alt, profitiert von der Erfahrung der Arrivierten und lässt sich anstecken vom Hunger der Jungen. Das Zimmer teilt er sich mit Thomas Grochar, Markus Salcher oder Roman Rabl, und aus den anfänglichen Zweckgemeinschaften sind mittlerweile Freundschaften entstanden. „Ohne meinen Unfall hätte ich diese Erfahrungen wohl nicht gemacht", gibt sich Martin nachdenklich. Er hat gelernt, sich neu zu orientieren.

MARTIN AUF DER ÜBERHOLSPUR

SEIT EINIGEN JAHREN IST MARTIN WÜRZ AUF DER ÜBERHOLSPUR. ER HAT BLUT GELECKT UND SICH SEINE ZIELE HOCH GESTECKT: PARALYMPISCHES EDELMETALL. MUSS NOCH NICHT IN SOTSCHI SEIN. DARF ABER.

Seit 2011 hat Martin Würz seinen eigenen Kopfsponsor. Die Volksbank Donau-Weinland sieht in ihm ein wertvolles Testimonial, mit dem das Institut seinen eigenen Weg geht. Eingefädelt wurde diese Kooperation vom Verbandspräsidenten des NÖVSV Markus Traxler. Bei einer Charity-Aktion – einer Schiversteigerung – kam eine beträchtliche Geldsumme zusammen und es stellte sich die Frage, welcher hoffnungsvolle Sportler damit unterstützt werden sollte. Nach eingehender Beratung fiel die Wahl auf Martin, der vom Präsidenten vorgeschlagen worden war.

Glücklich über diese Entscheidung fand er sich am Tag der geplanten Übergabe in der Bank ein und plauderte mit den Verantwortlichen über sein Leben als Sportler, seinen Tagesablauf und die Konsequenz, mit der er seinen Sport betreibt. Fasziniert hörten ihm die Bankmanager zu und ließen einen Plan reifen: Ein Jahr später bekam Martin Würz den Anruf, die Volksbank wolle mit ihm die nächsten drei Jahre als Kopfsponsor einen gemeinsamen Weg gehen. Der Vertrag läuft bis 2014 – mit der Option auf Verlängerung. Diese Partnerschaft bedeutet für ihn die Möglichkeit, sich voll und ganz dem Sport zu widmen und unter professionellen Bedingungen arbeiten zu können.

TRAINING DAS GANZE JAHR ÜBER

Und das ist auch gut so, denn der Behindertensport wird zunehmend professioneller und verlangt den Sportlern neben einem hohen Zeitaufwand eine konsequente Lebensführung ab. Wer glaubt, dass die Athleten im Winter ein paar Rennen bestreiten und den Rest des Jahres eine ruhige Kugel schieben, der irrt gewaltig. Denn auch bei den Behindertensportlern heißt es: Nach dem Rennen ist vor dem Rennen. Im Sommer erhalten die Sportler von ihren Trainern die Trainingspläne, denen vor und nach dem Sommer Leistungstests vorausgehen, damit auch jeder Plan individuell auf den Einzelnen abgestimmt ist. In dieser Phase trainiert Martin Würz sechsmal zwei bis drei Stunden täglich. Nach der Vorbereitung erfolgt der Feinschliff, und ab September geht es auf den Gletscher. Schneetraining ist angesagt, und das vier Tage pro Woche, bis die Saison beginnt. Und so ist Martin dauernd unterwegs: Von Montag bis Mittwoch ist er auf der Uni in Wien, von Mittwochabend bis Sonntagabend beim Schifahren. Um ein solches Pensum über längere Zeit durchzustehen, sind ein starker Wille und große Konsequenz nötig. Und eine Partnerin, die das akzeptiert – Martins Freundin ist selbst Sportlerin und kann nachfühlen, was in ihm vorgeht. So ist das Zusammensein – zumindest meistens – sehr harmonisch, bei kleineren Rennen hat sie ihn auch schon begleitet. Damit er nicht immer von der Mama durch die Gegend kutschiert werden muss, hat Martin den Führerschein bereits mit 17 gemacht und sich ein Auto angeschafft, mit dem er jetzt unterwegs ist. Mit Prothese versteht sich, denn „die Prothese hat Sensoren, die auf Muskelkontraktionen reagieren".

DAS UM UND AUF – EINE GUTE AUSRÜSTUNG

Martin Würz' Ausrüster ist Atomic, von dem er Schi, Bindung und Schuhe gestellt bekommt. Auf eine Prothese verzichtet er beim Rennen, einzig im Slalom benötigt er eine, um seinen Stumpf zu schützen. Im Sommer verwendet er zum Training eine eigene weitere Prothese, damit er sich abstützen und Gewichte stemmen kann, und auch beim Mountainbiken geht es nicht ohne. Aber sonst kann Martin sein Leben fast so führen wie vor dem Unfall: „Einzig beim Schuhe binden und beim Tischfußball tu' ich mir ein bisschen schwerer", sagt er. Neben dem Schifahren und dem Radfahren hat es ihm der Volleyballsport angetan. Schmerzen verspürt er bei all seinen Aktivitäten keine mehr, einzig der Stumpf sei empfindlicher als eine gewöhnliche Hand. Hier müsse er schon etwas aufpassen.

Seine großen Ziele sind klar: Edelmetall bei einer Großveranstaltung. Je früher, desto besser. Als bisheriges Highlight seiner noch jungen Karriere bezeichnet er den Vizestaatsmeistertitel in der Saison 2011/12 im Slalom. Wo er aber noch Nachholbedarf hat, ist in der Konstanz. „Wenn es mir einmal gelingt, zwei gleichmäßig gute Läufe hinunterzubringen, dann kann sich schon etwas ausgehen", ist er sich sicher. Mittelfristig möchte er sich in der Weltspitze etablieren.

LEISTUNG UND POPULARITÄT

Den Stellenwert des Schisports in Österreich hat Martin schon kennengelernt. Mittlerweile wird er in seiner Region auf verschiedenen Veranstaltungen immer wieder erkannt und auch angesprochen. Ob ihn das stört? „Ganz im Gegenteil, noch gefällt mir das sehr gut." Und: „Mittlerweile passiert es mir, dass ich beim Schifahren von den Menschen an der Kasse erkannt werde und die Schikarte geschenkt bekomme." Auch die Zeitungen berichten immer wieder über seine Erfolge, bei diversen TV-Auftritten hat Martin bereits gute Figur gemacht. Seine steigende Popularität wird ihm den Weg zu guten Sponsoren ebnen, ist er überzeugt, denn er möchte während seiner sportlichen Karriere vom Schifahren leben können. Und das noch bis mindestens 35. Was dann kommt, steht in den Sternen. „Ein guter Job in der Privatwirtschaft", ist sein erklärtes Ziel. Wenn der junge Mann seine Vorstellungen weiter so konsequent verfolgt, wird das für ihn kein Problem sein.

MARTIN WÜRZ IN ZAHLEN

Geburtstag: 10. 8. 1993
Wohnort: Maissau/NÖ
Verband: NÖVSV – Niederösterreichischer Versehrtensportverband
im ÖSV-Kader: seit 2011
Beruf: Student
Behindertenklasse: LW 6/8-2
Behinderungsart: Unterarmamputation links

Schi: Atomic
Schuhe: Atomic
Brille/Helm: Uvex
Handschuhe: Ziener

EMOTIONEN UND IMPRESSIONEN
AUS LA MOLINA 2013

WERTVOLLE ERFAHRUNGEN

In den ersten Tagen bei der WM 2013 in La Molina fand die Abfahrt statt, die bekanntlich nicht zu meinen Lieblingsdisziplinen zählt und die ich ausließ. Deshalb trainierte ich lieber meine Spezialdisziplin, den Slalom. Mein erstes Rennen war der Super-G, den ich aber mehr als Herantasten an die Super-kombination sah, deshalb war mir die Platzierung nicht so wichtig.

Anschließend fand der Slalom statt, wo ich meine besten Chancen sah. Nach dem ersten Durchgang lag ich auf dem hervorragenden fünften Platz und ich witterte meine kleine Chance auf eine Medaille. Deshalb riskierte ich alles, aber leider – der Lauf ging daneben und ich schied aus. Das war für mich anfangs natürlich sehr bitter und die Enttäuschung war groß. Aber immerhin: Ich musste mir nichts vorwerfen, denn ich hatte mein Bestes gegeben.

In der Superkombination und im Riesentorlauf waren meine Leistungen leider etwas durchwachsen und die Ergebnisse nicht optimal. Zum Abschluss fand der Teambewerb statt, bei dem ich auch dabei sein durfte und der mich für vieles entschädigte. Durch eine Superleistung aller Beteiligten konnten wir uns den Weltmeistertitel sichern. Das war natürlich für mich selbst auch ein perfektes Ende der WM und dementsprechend groß war die Freude: erste WM, erstes Gold.

Insgesamt war La Molina für mich eine tolle und lehrreiche Erfahrung, die mich auf meinem Weg sicher ein gutes Stück weitergebracht hat.

Martin Würz

SEINE GRÖSSTEN ERFOLGE

WM-Medaillen	GOLD Teambewerb – La Molina 2013	
1. EC-Podest	Dezember 2012/Riesentorlauf Lenk/SUI	
1. int. Sieg	März 2011/RTL Alleghe/ITA	
2012/2013	Weltmeisterschaft La Molina – ESP	GOLD Teambewerb
		14. Platz Riesentorlauf
	Weltcup	17. Platz Gesamtweltcup
		15. Platz Slalom gesamt
		17. Platz Riesentorlauf gesamt
	Europacup	4. Platz Riesentorlauf gesamt
		5. Platz Super-G gesamt
		10. Platz Slalom gesamt
	ÖSTM 2012/13	Vizestaatsmeister Super-G
		Vizestaatsmeister Superkombination
2011/2012	Europacup	11. Platz Slalom gesamt
		21. Platz Riesentorlauf gesamt
	ÖSTM 2011/12	18. Platz Gesamteuropacup
		Vizestaatsmeister Slalom
2010/2011	IPCAS-Rennen	1. Platz RTL Alleghe/ITA
	Austriancup	Gesamtsieger Jugend
2009/2010	ÖSTM 2009/10	5. Platz Riesentorlauf

Sämtliche Erfolge unter www.austria-skiteam.at

DAS TEAM UM DAS TEAM

FÜR DEN SPORT GEBOREN

EIN TIROLER WIRD PRAKTISCH MIT SCHIERN AN DEN FÜSSEN GEBO-REN. BEVOR ER LAUFEN KANN, MACHT ER SEINE ERSTEN SCHWÜNGE IM SCHNEE. SAGT ZUMINDEST DER VOLKSMUND.

Manuel Hujara ist ein solcher Tiroler aus dem Stubaital. Am 6. Oktober 1983 in Innsbruck als Manuel Huter geboren, steht er auf Schiern, seit er denken kann. Bereits als Pistenfloh ist er in diversen Kadern und fährt bei allen möglichen Schirennen mit. Er ist beim Bezirkscup dabei, mischt beim Landescup mit und ist mit 15 Jahren auch Teil des Tiroler Landeskaders. Sein Stammverein ist der Schiclub Axams. Doch Manuel erkennt schnell für sich: Die Luft am Gipfel ist dünn. So dünn, dass er das Risiko des Scheiterns nicht auf sich nehmen will. „Außerdem", meint er selbstkritisch, „war ich nur ein mäßiger Rennläufer." Das ist eine Stärke des Manuel Hujara: zu erkennen, wo seine eigenen Grenzen sind. Diese Stärke wird Manuel, dessen heller und wacher Geist für alles und jeden offen ist, später noch oft auszeichnen.

VOM RENNLÄUFER ZUM TRAINER

So wendet sich der Teenager verstärkt seiner Ausbildung zu. Mit 16 besucht er die fünfte Klasse des Oberstufenrealgymnasiums Fallmerayerstraße in Innsbruck. Da seine Interessen aber mehr im Bereich von Technologie und Kommunikation liegen, tritt er bei Siemens in Innsbruck eine damals neuartige Lehre an: Er lässt sich zum EDV-Techniker ausbilden. Mit diesem Beruf hat Manuel ein Betätigungsfeld, das ihm Freude macht und ihn fordert: Zum einen ist es die Welt der Technik, die ihn fasziniert, zum anderen hat er durch seine Tätigkeit im Außendienst Kontakt mit Menschen, was ihm mit seiner offenen, ehrlichen und freundlichen Art sehr zugute kommt. Daneben absolviert er die Abendschule und schließt die Berufsreifeprüfung im Fachbereich Medieninformatik ab. Anschließend steht der Dienst für das Vaterland an, wo er eine Ausbildung zum Rettungssanitäter erhält. In dieser Zeit gibt es bereits erste Kontakte zu späteren Teamärzten.

Doch die Berufswelt ist nur ein Teil im Leben des Manuel Hujara. Daneben macht er die Ausbildung zum Landesschilehrer und ist als Instruktor auf den verschiedensten Pisten Tirols unterwegs, um die Menschen in die Geheimnisse des österreichischen Nationalsports einzuweihen. Zusätzlich absolviert er die Trainerausbildung des Tiroler Schiverbandes und widmet sich und sein Know-how dem hoffnungsvollen Schinachwuchs. Da er zu dieser Zeit voll berufstätig ist, sind seine Engagements bei diversen Vereinen auf einige Wochen beschränkt, sehr zum Leidwesen seiner Auftraggeber. Manuel ist praktisch zu jeder Jahreszeit auf Tirols Schipisten zu finden, im Sommer treibt es ihn auf die Gletscher, im Winter zieht er seine Schwünge in tiefergelegenen Regionen in den Schnee. So verwundert es nicht, dass neben Arbeit und Schifahren wenig Zeit für anderes bleibt.

CHEFTRAINER IN 15 SEKUNDEN

Das Jahr 2006 bedeutet einen markanten Einschnitt im Leben des Manuel Hujara. Die Menschen in seinem Umfeld sehen und erkennen seine Qualitäten, und so ist es nur eine Frage der Zeit, bis sein Cousin Philipp Huter, seines Zeichens Pilot in Innsbruck und ebenfalls begeisterter Schifahrer, auf ihn zukommt, um ihm ein Engagement bei den Behindertensportlern schmackhaft zu machen. „Warum eigentlich nicht", denkt sich Manuel, entsprechend seinem Naturell, ohne vorher jemals mit Behinderten zu tun gehabt zu haben, und schon ist er mitten im Schizirkus des alpinen Behindertensports.

Außerdem trägt Manuel das Trainergen in sich: Sein Cousin Patrick trainierte den Nachwuchs in der Schihauptschule Neustift, sein Bruder René war Trainer im Tiroler Schiverband und seine Frau Maike, Tochter von FIS-Renndirektor Günter Hujara, ist beim Deutschen Schiverband DSV als Trainerin beschäftigt. Zwei Jahre arbeitet er im Team als Trainer, als das Schicksal erneut die Weichen stellt. Kurzfristig wird die Stelle des Cheftrainers vakant, und was liegt näher, als Manuel, der sich in zwei Jahren seine Sporen verdient hat, zu fragen, ob das nicht eine reizvolle Aufgabe für ihn wäre. Bedenkzeit: gerade einmal 15 Sekunden. Antwort: ja. Denn Manuel wäre nicht Manuel, wenn er diese Chance nicht ergreifen würde. „Auf meine Nachfrage bei der jährlichen Analysesitzung, wer denn zwecks Planung nun der Nachfolger sein wird, kam die Gegenfrage an mich, ob ich es nicht machen will."

Ein Jahr lang gehen Job und Cheftraineramt nebeneinander gut, doch irgendwann merkt er: So kann das nicht weitergehen. Die Zeit ist ein Faktor, den er nicht zu seiner Zufriedenheit beeinflussen kann. Im September 2008 spielt ihm das Schicksal wieder in die Karten, indem es in Form des Sportkaders Finanz einen Job bereitstellt, der es ihm erlaubt, seinen Aufgaben als Cheftrainer in vollem Umfang nachzukommen, indem er für die Rennen und Trainings freigestellt wird. Denn die Saison, die von September bis April dauert, ist nicht mehr mit Urlaub und Überstunden im Beruf zu kompensieren. Und so schreitet auch die Professionalisierung des Sports im Leben des Manuel Hujara

EC-Finale in Tignes

voran. Schweren Herzens trennt er sich von seinem Arbeitgeber Siemens, der ihm bis dato großen Freiraum gelassen hat. Doch mit dieser Konstellation schlägt Manuel ein weiteres spannendes und erfolgreiches Kapitel in seinem Leben auf.

Manuel Hujara ist seit der Saison 2006/07 Trainer, seit 2008/09 Cheftrainer im AustriaSkiTeam Behindertensport. Ob er langfristig plane, wollen wir von ihm wissen. „Mein Lebensplan steht", doch der ist nicht für die Öffentlichkeit gedacht. „Ich plane von Jahr zu Jahr", meint er mit einer gewissen Abgeklärtheit. „Nach dem Ende jeder Saison wird Bilanz gezogen, dann sehe ich, was an Positivem und was an Negativem übrig bleibt. Je nach Saldo entscheide ich mich für den weiteren Weg. Bis heute macht mir die Arbeit große Freude und ich sehe noch kein Ende meiner Tätigkeit." Ein Versprechen für die Zukunft, wie wir meinen.

GEDANKEN EINES CHEFTRAINERS

**SEIT MANUEL HUJARA SEINE TRAINERKARRIERE 2006 IM ALPINEN BE-
HINDERTENSPORT BEGONNEN HAT, HAT SICH VIELES GEÄNDERT. WAS
VOR FÜNF JAHREN NOCH UNDENKBAR WAR, IST HEUTE SELBSTVER-
STÄNDLICH: BEHINDERTENSPORT – EINE SUBJEKTIVE BESTANDSAUF-
NAHME.**

Es gibt Menschen, die in der Vergangenheit leben. Alles, was war, ist besser
als das, was ist. Doch nicht für Manuel Hujara. Der Cheftrainer der österreichischen behinderten Alpinsportler steht mit beiden Beinen im Leben. Mit einer
analytischen Distanz betrachtet er Jahr für Jahr die Entwicklung, die sein
Team unter seiner Ägide genommen hat und entscheidet dann unter Zuhilfe-
nahme seines engsten Betreuerteams, wie weiter vorgegangen wird. Hujara
ist ein sehr akribischer Beobachter seines Umfeldes und des Sports, für den
er lebt. Vieles gefällt ihm, was er sieht, manches ist für ihn zu hinterfragen.
„Doch wo gehobelt wird, da fallen Späne", meint der Coach mit einer Prise
bodenständigem Realismus.

Als er mit 24 zum Cheftrainer aufstieg, war noch vieles anders, blickt er ohne
Wehmut zurück. Der Aufwand für die Trainer und Athleten bestand aus den
Trainingskursen, den Weltcup-Stationen und weiteren Rennen und aus den
Großereignissen wie WM oder Paralympics. Die Saison begann im September
und endete im April. Für die Beteiligten und Athleten bedeutete dies oft eine
enorme Belastung. Sie mussten mit Sondervereinbarungen mit ihren Arbeit-
gebern oder mit besonders verständnisvollen Vorgesetzten sowie Überstun-
denregelungen und Urlaubsverzicht versuchen, über die Runden zu kommen.
Damit war es nicht immer möglich, von den Athleten das Letzte zu verlangen,
da sie auch in ihrem Beruf ihre Aufgaben zu erfüllen hatten.

VANCOUVER 2010 – EIN MEILENSTEIN

Seit Vancouver 2010 hat sich jedoch sehr viel geändert, so Manuel Hujara. Bis
zu den Paralympics in Kanada gab es ein Nebeneinander von Profis und Ama-
teuren. Seit Vancouver haben viele der „Alten" aufgehört, da sie die Zeichen
der Zeit erkannten, und überließen das Feld zunehmend den jungen Wilden,
die einen anderen Zugang zu ihrem Sport finden, nicht zuletzt dank der verstärkten Öffentlichkeitswirksamkeit ihrer Wettkämpfe.

Sie nutzen die zunehmende Professionalisierung und gehen gezielt auf

Sponsorensuche, präsentieren sich, indem sie die Klaviatur der neuen Medien spielen und erreichen so eine größere Öffentlichkeit. Die Kehrseite der Medaille ist, wie Manuel Hujara bestätigt, der zunehmende Leistungsdruck, dem die Sportler dadurch ausgesetzt sind. Denn wer glaubt, die Sponsoren unterstützen die Sportler aus Goodwill, täuscht sich gewaltig. Sie verlangen Leistung, damit sie ihre Produkte gut vertreten sehen. Roman Rabl, Claudia Lösch, Markus Salcher und viele andere stehen für diese neue Generation im Behindertensport.

Der Wehmutstropfen dieser Entwicklung: Für den Nachwuchs wird es zunehmend schwieriger, im Spitzensport Fuß zu fassen. Um im Weltcup mitzufahren, ist mittlerweile eine beinharte Qualifikation angesagt. Die Sportler müssen sich über IPCAS- und Europacuprennen für den Weltcup und die Großereignisse die entsprechenden Punkte erfahren und sich dann stufenweise qualifizieren. Diese Entwicklung sieht Hujara zwar gut für den Spitzensport, aber als Gefahr für den Breitensport. Andererseits bringt die zunehmende Popularisierung der Stars der Szene und ihres Sports immer mehr Vorbilder für den Breitensport hervor. Und je mehr die Topathleten und ihre Leistungen im Mittelpunkt stehen, desto mehr Medienwirksamkeit und Zulauf erhalte eben auch der Breitensport. So sehe die Wechselwirkung nun einmal aus.

WAHLMÖGLICHKEIT – SPITZEN- ODER BREITENSPORT

Zudem habe jeder Sportler heute selbst die Wahlmöglichkeit: will ich Spitzensport oder Breitensport betreiben. Dass es durch diese zunehmende Professionalisierung zu einer verstärkten Selektion kommt, nimmt Hujara bewusst in Kauf. Denn niemand zwinge den Menschen, Spitzensport zu betreiben. Er könne seine Ertüchtigung auch im Breitensport finden. International wird diese Tendenz durch das neue Punktesystem forciert, und so gebe es gar keine andere Möglichkeit, als sich diesem Trend anzupassen.

Hujara verweist im Gespräch auch auf die menschliche Seite dieser Entwicklung: Kinder und Jugendliche, die von jeher bemuttert werden, die immer mit besonderen Maßstäben gemessen werden, sind jetzt dem beinharten Leistungsdruck ausgesetzt. Am Anfang sei das nicht immer leicht, gibt Hujara zu, doch schlussendlich führe das zu einer größeren Selbstständigkeit im täglichen Leben. An dieser Stelle erzählt er die Geschichte eines jungen Monoschifahrers, dessen Vater immer zu Hilfe geeilt sei, wenn der Sohn drohte umzukippen. Diesem Vater machten die Trainer klar, dass es keinen Sinn habe, dem Buben jede Hürde aus dem Weg zu räumen. Mit Grauen sah er in der Folge tatenlos zu, wie der Sohn sich am Lift mühte und ein ums andere Mal umkippte. Zum Schluss aber hatte der Filius es geschafft. Strahlend rutschte er auf seinen Vater zu, um ihm von seinem Erfolg zu erzählen. Dieses Erlebnis öffnete dem Vater die Augen. Doch nicht immer seien solche Diskussionen so erfolgreich zu führen. Verschiedene Personen hätten auch schon einmal in anderen Angelegenheiten mit der UN-Behindertenrechtskonvention gedroht. An dieser Stelle blickt Manuel Hujara ein wenig zurück. Vorläufer der Paralympics waren die International Stoke Mandeville Games, die von 1948 bis 1995 stattfanden. Diese Spiele, die für Behinderte eingerichtet worden waren, dienten Menschen mit Handicap der sportlichen Betätigung und dem Wettkampf. Dabei sein ist alles, war das Motto dieser Spiele. Daraus entwickelten sich in der Folge die Paralympics, die aber nicht mehr viel mit dem Vorläufer gemein hätten. Seit Turin 2006 wurde das System auf drei Hauptklassen verkleinert, um die Wettkämpfe vergleichbarer zu machen und sich so den Anforderungen des Spitzensports zu nähern. Ein weiteres Kriterium war es, ein verkauf- und vermarktbares Produkt zu schaffen, das auch für Sponsoren interessant sein könnte und so Geld in die Kassen des Behindertensports spülen sollte. Der Plan ging auf, wie man bei verschiedenen Spitzenteams im Schizirkus, aber auch in den Sommersportarten sehen kann.

DAS AUSTRIASKITEAM BEHINDERTENSPORT – POWERED BY ÖSV, ÖBSV UND ÖPC

Wie wirkt sich das nun speziell auf das AustriaSkiTeam rund um Manuel Hujara aus? Zwar ist keiner hauptberuflich als Trainer oder Betreuer angestellt, doch verschiedene Modelle ermöglichen es, sich hauptsächlich dem Sport zu widmen. Hujara und einige andere sind beispielsweise im Sportkader Finanz (Zollkader) des Bundesministeriums für Finanzen integriert, arbeiten außerhalb ihrer sportlichen Betätigung beim Zoll und werden für Trainings und Rennen freigestellt. Deutschland habe zwar einen hauptamtlichen Trainer, alle anderen Funktionäre erhielten aber Taggeld. Zwar haben Kanada und die USA aufgrund ihrer Geschichte höhere Zuwendungen, der Sport insgesamt einen höheren Stellenwert, aber trotzdem schaffen es die Österreicher immer wieder, sich in vorderster Front zu etablieren und bei Großereignissen ordentlich Medaillen zu sammeln. Als Gegenbeispiel bringt Hujara eine Nation, die auf der einen Seite hohe Preisgelder für Medaillen aussetze, auf der anderen Seite bei den Medaillenentscheidungen regelmäßig hinterherfahre. Und so sind er und sein Betreuerteam zuversichtlich, dass Österreich auch im infrastrukturellen Bereich mehr und mehr zu den großen Nationen aufschließen kann. Immer wieder hebt er in diesem Zusammenhang sein engagiertes Team hervor, ohne das die erzielten Erfolge nicht möglich wären. Und genau aus diesem Grund – Betreuer, die mit Herz und Leidenschaft dabei sind, und ehrgeizige Sportler, die bereit sind, alles dem Erfolg unterzuordnen – sieht Manuel Hujara den Paralympics 2014 in Sotschi mit Optimismus entgegen.

AUS HUTER WIRD HUJARA

DASS MANUEL HUJARA UNKONVENTIONELL IST, DURFTEN WIR ERFAHREN. DASS ER TRADIERTES IN FRAGE STELLT, BRINGT IHN IMMER WIEDER IN DIE ERFOLGSSPUR. ABER DIE METAMORPHOSE VON HUTER ZU HUJARA IST SOGAR FÜR SEINE MASSSTÄBE BEMERKENSWERT.

Aber langsam. Blenden wir ein paar Jahre zurück: Manuel – damals noch Huter – steht im Februar 2008 beim Riesentorlauf in Korea am Rand der Piste und schaut seinen Schützlingen auf die Schier. Da sieht er plötzlich ein neues Gesicht. Genau an seinem Standort. Zufall? „Nein", winken Maike und Manuel unisono ab, „es war einfach der beste Standort, um die ganze Piste einsehen zu können." Wir wollen es einmal glauben. Wie das unter Kollegen so ist, kommen die beiden ins Gespräch. Merken, dass sie einen Draht zueinander haben. Da ist gegenseitige Sympathie: der kernige Tiroler und die offene, lebhafte Deutsche aus Neuenbürg nahe Pforzheim im Schwarzwald. Maike Hujara ist Aushilfstrainerin bei den Deutschen, Manuel Huter Trainer der Österreicher. „Am Anfang hat Maike von meinem Tiroler Slang nichts verstanden", ist sich Manuel sicher, was Maike so nicht stehen lassen will. Tatsache ist aber, dass sie sich von jetzt an öfter sehen. In ganz offizieller Funktion, versteht sich. Sie kommen sich näher, bald folgen erste gemeinsame Unternehmungen und Urlaube.

Im folgenden Jahr wird Maike Cheftrainerin des deutschen paralympischen Schiteams. In ihre Ära fallen zahlreiche Erfolge bei den Paralympics in Vancouver 2010 und bei anderen Großveranstaltungen, sodass sie nach 2010 schweren Herzens von den Behindertensportlern zu den nichtbehinderten Schiläufern wechselt. Ungern gibt sie auf, was sie erreicht hat: Da sind zum einen die zahlreichen Erfolge, zum anderen die menschlichen Kontakte zu den Sportlern und Funktionären. „Die Zeit war reif, etwas Neues zu machen", meint sie. Noch heute schaut sie gerne bei ihrer ehemaligen Truppe vorbei. „In unserer gemeinsamen Zeit im Behindertensport", erklären beide, „haben sich Gespräche über Sport, Team und Verband im privaten Bereich auf ein Minimum reduziert. Wir haben mehr mit anderen Trainern und Sportlern geredet als miteinander." Anscheinend ein probates Mittel, sich zu vertragen, wie es den Anschein hat. „Wir konnten Beruf und Privates gut trennen. Nur wenn es um Belange ging, die alle betroffen haben, haben wir gemeinsam gekämpft." Das war im täglichen Business mit Verbänden, Veranstaltern, dem

Hujara Ehrenmitglied Skiclub Valle Nevado/Chile 2012

IPC usw. wichtig und nötig, denn gemeinsam erreiche man mehr als alleine. „Jetzt, da wir keine Konkurrenten mehr sind, reden wir öfter über den Sport und unseren Beruf miteinander als früher."

KROATIEN, MON AMOUR

Die ersten gemeinsamen Urlaube führen die Familien Huter und Hujara nach Kroatien, wo sich die Sippschaften kennenlernen und wo die frisch Verliebten eine weitere gemeinsame Liebe entdecken: das Segeln. Manuel war schon als Kind mit seinen Eltern oft in Kroatien, wo er die Leidenschaft zu Meer und Wellen pflegte. Auch Maike war mit ihrer Familie immer wieder in dieser schönen Gegend.

Schnell merkte Manuel, dass Maike seine Frau fürs Leben sei, und so machte er ihr bereits nach zwei Jahren einen Heiratsantrag, den sie ohne Bedenkzeit annahm. Irgendwann während der Vorbereitungen stellte sich die Frage nach dem gemeinsamen Namen. „Als ich den Namen Huter aussprach, fingen alle an zu lachen. Wie soll ich einen Namen tragen, über den alle lachen, wenn ich ihn ausspreche", erinnert sich Maike grinsend. „Doppelnamen kamen für uns beide nicht in Frage", ergänzt Manuel. Da trifft Maike in Kroatien plötzlich eine frühere Lehrerin. Sie reden, lachen, tauschen sich aus. „Meine Tochter hat mit ihrem Mann um den Namen Tennis gespielt", erzählt sie. Das gefällt dem jungen Paar. Und so wird ein Tennismatch vor dem gemeinsamen

Polterabend in Maikes Dorf vereinbart. Von nun an trainiert Manuel in jeder freien Minute sechs Monate lang, um seiner Zukünftigen Paroli bieten zu können. Außerdem hofft er auf ihre Nervosität vor einer Zuschauerkulisse von beinahe 100 Zusehern. Im ersten Satz geht die Strategie des schlauen Tirolers beinahe auf, doch er muss sich schlussendlich mit 5:7 knapp geschlagen geben. Der zweite Satz ist eine klare Sache: 6:3 für Maike. Und so gibt es über den Familiennamen keine Diskussion mehr: Aus Huter wird Hujara. Manuels Begründung: „Ich hab' die Aufschläge nicht mehr dalernt."

In der Folge zieht Maike zu Manuel ins schöne Kematen in Tirol, im März 2013 erwerben die beiden in Oberperfuss ein schmuckes Eigenheim, wo die beiden heute leben – wenn sie nicht unterwegs sind. Manuel, der sich selber als sehr heimat- und ortsverbunden bezeichnet, meint dazu nur: „Einen Tiroler verpflanzt man nicht." Im Winter sind beide viel unterwegs, oft überschneiden sich die Zeiten von Abwesenheit und Ankunft, doch die Stunden, die sie haben, wissen sie zu genießen. Ihren Masterplan haben die beiden längst im Kopf, aber im Moment blühen sie in ihrer Aufgabe auf und stellen sich den Fährnissen des Lebens, jeder auf seine Art, aber mit einem gemeinsamen Fokus. Eine moderne Beziehung eben.

MANUEL HUJARA IN ZAHLEN

Sportart: Schi alpin
Funktion: Cheftrainer
Geburtsdatum: 6. 10. 1983
Geburtsort: Innsbruck
Wohnort: Oberperfuss
Beruf: Betriebsprüfer Zollamt Innsbruck
Familienstand: verheiratet mit Maike
im Team: seit 2006
Ausbildung: EDV-Techniker, Betriebsprüfer BMF i. A., Berufsreifeprüfung Bereich Medieninformatik, staatlich geprüfter Trainer alpin (C-Lizenz), Landesschilehrer Tirol, Rettungssanitäter
Hobbys/Interessen: Mountainbike, Segeln, Schifahren, Klettern, Berge & Meer

DANIELA MANDLER

GEBURTSDATUM
18. 11. 1983

BERUF
Zöllnerin in Ausbildung

FUNKTION
Trainerin

WEG ZUM BEHINDERTENSPORT

Da ich früher selber Rennen gefahren bin, bin ich dieser Sportart sehr verbunden. Nach sieben Jahren als Schilehrerin wollte ich zum Schirennsport zurück. Während meiner Schilehrertätigkeit machte ich die Ausbildung zum C-Trainer, wo ich dann Manuel kennen lernte. Bei einer Liftfahrt fingen wir an zu reden, er erzählte mir vom Behindertensport und dass sie immer wieder Betreuer suchen. Er fragte mich, ob ich mal zu einem Training vorbeischaue und als Trainerin anfangen möchte. Da ich schon länger auf der Suche nach einem Trainerjob war, sagte ich gleich zu, ohne zu wissen, was auf mich zukommt. Ich hatte zwar schon Erfahrung mit der Trainertätigkeit, aber nicht mit behinderten Menschen. Nun bin ich seit der Saison 2009/10 Mitglied dieses Teams.

WAS BEDEUTET DIESE AUFGABE FÜR MICH?

Da ich zuvor nicht mit behinderten Menschen zu tun hatte, war es am Anfang eine große Herausforderung für mich. Vor allem mit den Monoschifahrern wusste ich nicht, wie umgehen. Manuel erklärte mir viel und auch die Sportler selbst haben mir sehr weitergeholfen. Es ist einfach das Beste, sein Hobby zum Beruf zu machen. Früh am Morgen der Erste am Berg zu sein und für seine Sportler einen Trainingslauf zu setzen. Sie zu korrigieren, was gut war oder noch verbesserungswürdig ist, ob auf der Piste direkt oder bei der Videoanalyse am Nachmittag. Es ist ein gutes Gefühl, sein Können und Wissen weiterzugeben und danach ein Teil des Erfolgs zu sein. Egal, ob bei den Trainingskursen früh der Wecker läutet, ich mache es einfach gerne!

GERHARD WEGER

GEBURTSDATUM
29. 5. 1969

BERUF
Physiotherapeut

FUNKTION
Physiotherapeut

WEG ZUM BEHINDERTENSPORT

Nach Abschluss meiner Ausbildung zum dipl. Physiotherapeuten 1991 bekam ich meine erste Arbeitsstelle im Rehabilitationszentrum Bad Häring auf der Abteilung für Querschnittgelähmte. Dort hatte ich ersten Kontakt mit Behindertensportarten wie Tennis, Tischtennis, Leichtathletik, Schwimmen und Schifahren. Durch meine persönliche Vergangenheit im Schirennlauf und als Sportphysiotherapeut war es sehr naheliegend, mich in diesem Bereich zu engagieren. Erste Teilnahme an einem Großereignis war die WM 1996 in Lech, es folgten weitere Einsätze bei Europacuprennen, Weltcuprennen, Weltmeisterschaften und vier Paralympischen Spielen.

WAS BEDEUTET DIESE AUFGABE FÜR MICH?

Die Arbeit im Behindertensport ist sehr vielseitig, da es unheimlich viele Faktoren gibt, die leistungsbestimmend für den Behindertensportler sind, und nur ein perfektes Zusammenspiel aller körperlichen Möglichkeiten und jahrelanges Training führen zum Erfolg. Die Arbeit in einem Team, bei dem sowohl Betreuer als auch Sportler an einem Strang ziehen und professionell in Richtung Leistungsverbesserung arbeiten, ist in den letzten Jahren immer wichtiger geworden. Durch den Behindertensport erreicht man viele Menschen, die ein ähnliches Schicksal erlitten haben und für die unsere Sportler ein Vorbild sein können, wie man den Weg zurück schaffen kann. Durch die in den letzten Jahren gestiegene Medienpräsenz und den verbesserten Informationsfluss ist es uns, wie ich glaube, gelungen, auch nichtbehinderte Menschen zu erreichen und zu sensibilisieren und eventuelle Berührungsängste zu nehmen.

BURKHART HUBER

GEBURTSDATUM
16. 7. 1959

BERUF
FA für Unfallchirurgie und Sporttraumatologie, ärztlicher Leiter des AUVA-Rehabilitationszentrums Bad Häring

FUNKTION
Teamarzt, Koordination der Teamärzte

WEG ZUM BEHINDERTENSPORT

Angefangen hat alles zufällig, mittlerweile bin ich aber begeisterter Fan und Betreuer unseres Teams. In meiner jetzigen Funktion sehe ich den Sport für alle Behinderten, auch im Breitensport, als ganz wichtige Komponente zur Erlangung von Normalität prinzipiell und als wichtigen Bestandteil der Therapie generell.

WAS BEDEUTET DIESE AUFGABE FÜR MICH?

Die Aufgabe bedeutet für mich, dass ich durch mein fachliches Wissen den Athleten in medizinischen Belangen Sicherheit geben kann. Meine Aufgabe im Team ist jedoch nicht beschränkt auf die Medizin sondern umfasst auch die Mitarbeit bei der Betreuung an sich und auch, Ansprechpartner für die Athleten und Betreuer zu sein.

Der Sport als wichtiger Teil des Lebens bietet stets den nötigen Ausgleich für die Schicksalsschläge jedes Athleten. Durch den Sport kann jeder Einzelne zunächst seine Leistung feststellen, um sie dann mit Kollegen zu messen. Sie lernen durch die Internationalität des Behindertensportes verschiedene Kulturen und Menschen kennen. Auf dieser Basis gewinnen sie unzählige Freundschaften. Das Schicksal und der feste Bezug zum Sport mit ganz ähnlicher Zielsetzung soll und kann ein wichtiger Anreiz für Schicksalsgenossen sein, ihr Leben zu meistern.

STEFAN OBERLUGGAUER

GEBURTSDATUM
23. 5. 1961

BERUF
Flugzeugtankwart

FUNKTION
Schi Tuning/Trainingszeitnehmung

WEG ZUM BEHINDERTENSPORT

Ich wurde vom ehemaligen Cheftrainer in das Team geholt. Seitdem ist es mir ein Anliegen, den alpinen Behindertensport zu unterstützen.

WAS BEDEUTET DIESE AUFGABE FÜR MICH?

Es ist für mich ein tolles Gefühl und füllt mich mit Freude aus, dass durch meine Unterstützung und Mithilfe und durch mein Wissen bereits sehr schöne Erfolge erzielt werden konnten. Und ich hoffe, dass wir noch weitere Weltmeister, Weltcupsieger etc. küren dürfen.

Ich wünsche mir mehr mediale Berichterstattungen über die tollen Leistungen der Sportler, um das hohe Niveau, auf welchem sich unsere Sportler bewegen, besser an unsere Mitmenschen „transportieren" zu können.

CHRISTIAN SALCHER

GEBURTSDATUM
5. 12. 1972

BERUF
Psychologe

FUNKTION
Sportpsychologe

WEG ZUM BEHINDERTENSPORT

Ich wurde im Jahr 2007 vom Österreichischen Bundesnetzwerk Sportpsychologie mit der Anfrage kontaktiert, ob ich die sportpsychologische Betreuung des AustriaSkiTeam Behindertensport übernehmen möchte. Zu Beginn lag der Auftrag in erster Linie im Coaching des Betreuerteams.

WAS BEDEUTET DIESE AUFGABE FÜR MICH?

Es ist für mich eine sehr sensible und verantwortungsvolle Tätigkeit. Die Sportler haben unterschiedliche Handicaps und sind körperlich kaum miteinander vergleichbar. Jeder hat eine andere Geschichte und seinen eigenen Zugang zum Leistungssport. Durch diese Heterogenität war es eine besondere Herausforderung, mit der Teamführung Strukturen und Organisationsabläufe zu optimieren. Dies geschah immer in Zusammenarbeit mit den Sportlern. Ein gemeinsames Ziel bzw. Verbindendes zu schaffen, war für mich eine bedeutende Aufgabe. Nur wenn sich Sportler (und Betreuer) im Team wohl fühlen, können sie Topleistungen erbringen und die Freude am Rennsport langfristig aufrecht erhalten. Durch die individuelle Betreuung der Sportler habe ich bemerkt, welchen Hürden Menschen mit Behinderung im Alltag ausgesetzt sind. Trotz eines erheblichen Zusatzaufwandes sind die Sportler begeisterte Schirennfahrer. Es ist für mich eine sehr schöne Aufgabe mit Menschen zu arbeiten, die auch bewirkt haben, dass ich meinen eigenen Horizont erweitern konnte.
Die Sportler bewegen sich sehr oft am Limit. Durch ihre Einschränkungen sind sie bei den oft hohen Geschwindigkeiten einem erheblichen Risiko ausgesetzt.

BETREUERTEAM ALPIN

TRAINERTEAM
– Hujara Manuel
– Mandler Daniela
– Mildner Esmiralda
– Ratz Mario

SKI-TUNING/TIMING
– Fuchs Hermann
– Gugganig Ursula
– Kapanadze Mika
– Maier Hubert
– Oberluggauer Stefan

PHYSIOTHERAPIE & MENTALTRAINING
– Abentung Alexandra
– Atzler Kathrin
– Gföller Ursula
– Triendl Andrea
– Weger Gerhard
– Salcher Christian (Sportpsychologe)

MEDIZINISCHE BETREUUNG
– Huber Burkhard
– Krappinger Dietmar
– Malekzadeh Davud
– Oberladstätter Jürgen
– Erhart Stefanie
– Euler Simon

IPCAS-KOORDINATOR/NACHWUCHSTEAM
– Schöpf Josef
– Spörk Erwin

FINANZEN UND VERWALTUNG
– Angelika Knaus

DER BEHINDERTEN-SPORT UND SEINE STRUKTUREN

EIN LEBEN MIT HIGHSPEED

DER REFERENT DES ÖSV/ÖBSV BEHINDERTENSCHILAUF MICHAEL KNAUS KANN AUF EINE BEWEGTE VERGANGENHEIT ZURÜCKBLICKEN. ER HAT DEN BEHINDERTENSCHILAUF IN ALL SEINEN FACETTEN KENNENGELERNT UND IST EIN MANN DER VERÄNDERUNGEN. DOCH ALLES DER REIHE NACH.

Michael Knaus entstammt einer Bauernfamilie mit sieben Kindern aus Fulpmes im Stubaital. Er kam bereits mit seiner Behinderung zur Welt: Die Nabelschnur schnürte ihm im Mutterleib die linke Hand ab. „Ein Betriebsschaden", wie er grinsend konstatiert. „Ich bin ganz normal aufgewachsen", erzählt er, „denn auf einem Bauernhof müssen alle mit anpacken." Und den Eltern sei es nicht im Traum eingefallen, ihn anders zu behandeln als die anderen. Zum Glück, wie er meint, denn so habe er gelernt, sich durchzusetzen. Erst langsam realisiert er seine Behinderung, als er bemerkt, dass er „ein bisschen anders aussehe" als seine Schulkollegen. Aber das bereitet ihm kein Kopfzerbrechen.

FÜHRERSCHEIN MIT HINDERNISSEN

Die vermeintlichen Grenzen drohen ihn erst im 19. Lebensjahr bei der Führerscheinprüfung einzuschränken, doch der Staat hat die Rechnung ohne den Tiroler Bauernsohn gemacht: Beim Erwerb des Führerscheins sollte sein „rosa Papier" eine Beschränkung beinhalten. „Das geht gar nicht", ist sich Michael sicher, wendet sich an Hofrat Stepan, der ihn in seinem Ansinnen unterstützt. Die beiden machen eine lange Probefahrt nach Wien und wieder zurück, da der Hofrat diese Maßnahme an einen anderen Fall mit einer ähnlichen Behinderung anlehnt. Und siehe da, Michael überzeugt mit seinen Fahrkünsten. Stepan reist also am Prüfungstag nach Fulpmes und nimmt Michael die Prüfung ab. „Unser Gespräch war so spannend, dass mein Prüfer die eine oder andere Geschwindigkeitsübertretung übersehen hat. Oder übersehen wollte", grinst Knaus noch heute. Das Ergebnis: ein Führerschein ohne jegliche Einschränkung. Mit dem Schifahren beginnt Michael erst mit sieben Jahren, obwohl sich der Lift in der Nähe des elterlichen Hofes befindet. Rennmäßig betreibt er

Medaillenfeier in Schladming

den Sport noch später, erst mit 16 entdeckt er das Speed-Gen. Warum so spät, wollen wir wissen. Er sei eben ein „lebhaftes" Kind gewesen und habe sich dreimal den Fuß gebrochen: einmal den Oberschenkel mit acht Jahren beim Rollerfahren, zweimal den Unterschenkel beim Schifahren. Mit 16 bestreitet Michael also sein erstes Rennen am Achensee und gewinnt prompt den Wanderpokal, der „fast größer war als ich selbst". In der Folge nehmen ihn seine Freunde immer wieder mit zu Rennen und zum Schifahren, und so wächst er in den Rennsport.

SILBER IN INNSBRUCK

Seine erste Qualifikation für die Weltwinterspiele 1980 in Geilo in Norwegen schafft er nicht, 1982 ist er bei der WM in Les Diablerets in der Schweiz dabei und bei den Weltwinterspielen 1984 in Innsbruck erobert er die Silbermedaille im Slalom. Jetzt legt er eine Verschnaufpause ein, aber nicht, um auszuruhen. Er heiratet seine Frau Angelika und baut ein Haus, sodass für das Training keine Zeit bleibt. Wer glaubt, Michael lässt den Schirennsport komplett beiseite, sieht sich aber getäuscht. Statt aktiv die Pisten hinunter zu brausen, fungiert er in diesen Jahren als Trainer, nachdem er die Ausbildung abgeschlossen hat, und bringt sein Know-how bei den Spielen 1988 in Innsbruck als Funktionär ein. Bis 1992 ist er Trainer und Landesschireferent von TSV (Tiroler Schiverband) und TBSV (Tiroler Behindertensportverband).

DIE GEBURT DES FUNKTIONÄRS

Doch erst die Spiele in Winterpark, Colorado, in den USA 1990 setzen seiner Laufbahn definitiv ein Ende. Sie stehen für den Athleten Michael Knaus unter keinem guten Stern: Zum einen waren die Strukturen in und um das Team nicht optimal, zum anderen arbeiteten die Teams nicht so zusammen, wie es das Ereignis erfordert hätte. Um bei den Bewerben wenigstens eine kleine Chance zu haben, „schwänzte" Knaus die Eröffnungsfeier, um mit seinem Trainer Schier zu testen. Doch der Rückstand auf die Amerikaner war im Abschlusstraining immer noch zu groß. Jetzt war guter Rat teuer. Knaus' Trainer versorgte seinen Läufer mit einer vermeintlich wertvollen Information: Er solle die Linie vor dem Ziel anders wählen.

Um konkurrenzfähig zu sein, ergriff Michael diesen Strohhalm und … stürzte: Er war zu schnell unterwegs gewesen. Das Ergebnis: eine Unterschenkelverletzung, die ihn bewog, die Bretter an den Nagel zu hängen. Zu groß war die Enttäuschung über die ungenutzten Möglichkeiten im Behindertensport. Rückblickend ärgert sich Knaus nicht über seine Leistung, sondern die unprofessionelle Vorbereitung auf die Rennen: „Wir hatten zu wenige Betreuer, ein Videostudium war nicht möglich, deshalb war schnell klar, dass wir in Winterpark hinterherfahren würden", erinnert er sich. Michael wäre aber nicht er selbst, würde er diese Versäumnisse nicht ansprechen. Und noch mehr: Michael Knaus entschließt sich zu seiner zweiten Karriere im Schisport: Er übernimmt als dauerhafter Funktionär Verantwortung. Bis heute. Doch das ist eine andere Geschichte.

FUNKTIONÄR MIT WEITBLICK

WINTERPARK 1990 IST MICHAEL KNAUS' LETZTE STATION ALS AKTIVER RENNLÄUFER. SOLL ES DAS GEWESEN SEIN? KEINESWEGS, DENN JETZT STEIGT ER ALS FUNKTIONÄR IN DEN SCHIRENNSPORT EIN. UND ZEIGT VERÄNDERUNGSWILLEN.

Nach der offenen Kritik am System nach den Spielen 1990 tritt der damalige Referent zurück, um einem Jüngeren Platz zu machen. Jetzt heißt es: den Arm hochkrempeln und anpacken. Michael Knaus überlegt nicht lange und übernimmt Verantwortung, als er gefragt wird: Er wird Referatsleiter für den Schisport im ÖBSV mit dem Ziel, dass alle Behindertengruppen in einem einzigen Verband organisiert sind. Bisher gab es für Sehbehinderte, Amputierte, Zerebralparetiker und Gehörlose eigene Interessensvertretungen, anschließend wurden sie in einem Verband zusammengefasst. Deshalb tritt 1994 erstmals ein gemeinsames Team bei den Paralympics in Lillehammer mit einem Chefcoach und Betreuern für alle Behinderten an.

RENNSERIEN UND KREK

Bereits während seiner Trainertätigkeit zwischen 1988 und 1992 knüpft Knaus Kontakte zu anderen Wintersportnationen mit dem Ziel, für die Sportler mehr Rennen auszurichten und ihnen so die Möglichkeit des Vergleichs mit anderen zu geben. „Entwicklung und Motivation sind für einen Rennläufer nur unter Rennbedingungen möglich. Das Trainieren allein für die WM ist zu wenig", ist er sich sicher.

Und so kommt, was kommen muss: Die Nationen rufen 1991 den Alpencup, 1993 den Europacup ins Leben. Im Zuge dieser Entwicklung wurde auch das Handicap-System geboren. Es geht auf den Deutschen Niko Moll zurück, der aufgrund einer seltenen Behinderung nie in irgendeiner Klasse hätte starten dürfen. 1986 präsentierte er in Schweden seine Idee, dass zwei Klassen mit Hilfe eines Koeffizienten zu einer zusammengefasst werden.

Michael Knaus und seine Mitstreiter gingen einen Schritt weiter: Sie reduzierten die Klassen im Starterfeld auf drei – Stehend, Sitzend, Sehbehindert – und entwickelten Koeffizienten, die die Zeiten innerhalb der Klassen vergleichbar machen sollten. Zu Beginn arbeiteten die Verantwortlichen noch mit Taschenrechnern und unzähligen Ergebnislisten, mit der Zeit hielt auch hier die Computertechnologie Einzug. Wurden Klassen- und KREK-System in den

EC-Finale 2012 in Auron/Frankreich

Rennserien bald angewendet, so sollte es noch bis zu den Paralympics 2006 in Turin dauern, bis die Neuerungen bei Großereignissen zum Einsatz kamen.

STEILE KARRIERE

Im Jahre 1994 wurde Knaus Mitglied des Subkomitees des IPC für Behindertenschilauf und arbeitete in der Entwicklung des Behindertenschilaufs in den Bereichen Rennorganisation, KREK-System und Entwicklung von Rennserien mit. 1996 war die Zeit reif für eine neue Rennserie, die Amerikaner waren im gemeinsamen Boot und der Weltcup konnte starten. 1998 wurde Knaus außerdem in Miami ins FIS-Subkomitee gewählt.

In der Zwischenzeit war Knaus zu seinen Funktionen noch Renndirektor bei Weltcuprennen und den Paralympics in Salt Lake City 2002. Bei den Paralympics 2006 in Turin fand das Klassensystem Einzug in die Rennen, außerdem wurde der Beschluss gefasst, das KREK-System auch zukünftig bei Großereignissen einzusetzen. Damit gelang den Verantwortlichen ein Durchbruch in der Organisation der Rennen.

Der geneigte Leser wird sich an dieser Stelle vielleicht fragen, wie Michael Knaus seine Zeit so aufteilen konnte, dass er all seinen Beschäftigungen –

neben Beruf und Familie – nachgehen konnte. „Mein Arbeitgeber – die UNI-QUA-Versicherung – war in dieser Beziehung sehr großzügig", erzählt er, „ich bin Mitarbeiter im Außendienst, wichtig ist, dass die Zahlen stimmen. Doch wenn einmal eine Besprechung war, wer fehlte? Der Knaus. Hier bin ich meiner Firma für die Nachsicht und das Verständnis sehr dankbar."

Der zweite Partner, dem sich Michael Knaus zu Dank verpflichtet sieht, ist seine Familie und besonders seine Frau Angelika. Sie war und ist ihm nicht nur seelischer Beistand, sondern unterstützt ihn seit vielen Jahren in allen administrativen Aufgaben. Trotzdem „sähe es Angelika wohl gerne, wenn ich irgendwann meine Tätigkeit als Funktionär beende", gibt sich Michael nachdenklich.

NOCH ZWEI ZIELE

Zwei Ziele aber warten noch auf ihn: Zum einen ist das die Vollintegration des Schiteams für Behindertenschilauf in den ÖSV. Dieser letzte Schritt müsse noch getan werden, um Kontinuität zu gewährleisten, da die Funktionäre dann nur mehr einem Verband verpflichtet wären. Dieses Ziel könnte bereits 2013 erreicht sein. Anschließend sollte die sportliche Entwicklung der Ära Knaus-Hujara-Mandler mit den Paralympics in Sotschi ihren Höhepunkt finden. Doch der erfahrene Funktionär warnt vor zu viel Euphorie: „Natürlich war die WM 2013 in La Molina ein Highlight, aber wir dürfen nicht davon ausgehen, dass es immer so gut läuft."

Einen Schritt in eine neue Zukunft hat Familie Knaus schon 2013 gewagt: Mit dem Kauf eines Wohnmobils erfüllte sie sich den Traum vom grenzenlosen Reisen, vom Leben dort, wo es „uns hinzieht". Doch noch warten wichtige Aufgaben auf Michael und Angelika Knaus. Sie werden auch diese zu einem guten Ende bringen.

BEHINDERTENSPORT ALS VITALQUELLE

SCHIFAHREN IN FREIER NATUR, DIE SONNE GENIESSEN, DIE KÄLTE AUF DER HAUT SPÜREN, SICH DEN FAHRTWIND UM DIE OHREN PFEIFEN LASSEN. DAS IST WINTERSPORT IN SEINER VOLLENDUNG. GERADE IN ÖSTERREICH IST DIESE SPORTART NATIONALSPORT NUMMER EINS UND WIRD VON EINEM GROSSEN TEIL DER BEVÖLKERUNG BETRIEBEN.

Über den Breitensport ist eine Spitze entstanden, die international der Maßstab für alle anderen Nationen ist. Schisport trägt also in seiner Breite zur Volksgesundheit bei und ist in der Spitze dazu prädestiniert, Vorbilder und Helden zu schaffen. Man denke hier nur an Namen wie Hermann Maier, Marcel Hirscher, Marlies Schild, Anna Fenninger, aber auch an Legenden wie Toni Sailer, Franz Klammer, Annemarie Moser oder Petra Kronberger. Die Reihe ließe sich endlos fortsetzen. Darüber hinaus ist der Wintersport ein maßgeblicher Faktor in unserem Tourismus, aber das soll an dieser Stelle nicht weiter erörtert werden.

Aus diesen Gründen ist es mehr als nur legitim, dass auch behinderte Mitmenschen die Möglichkeit haben, diesem Vergnügen in der Breite nachzugehen und in der Spitze Topleistungen zu erbringen. Zwar sind die Namen dieser Athleten – noch – nicht so bekannt, doch deren Leistung ist nicht minder einzuschätzen als die ihrer nichtbehinderten Kollegen. Namen wie Philipp Bonadimann, Roman Rabl, Claudia Lösch oder Matthias Lanzinger sind einer sportinteressierten Öffentlichkeit längst ein Begriff und manch ein nichtbehinderter Zuschauer staunt über die eleganten Schifahrerkünste und die Geschicklichkeit der Behinderten. Um diesem Sport eine ihm gebührende Plattform zu bieten, soll an dieser Stelle kurz über die Entwicklung und die Strukturen im österreichischen Behindertensport allgemein und im Behindertenschilauf im Speziellen berichtet werden.

BEHINDERTENSPORT BRINGT NUTZEN

Dass sich Behindertensport in den letzten Jahren rasant entwickelt hat und immer mehr zur professionellen Sportart wird, ist ein Fakt. Man denke an die verschiedenen Großveranstaltungen – Paralympics, Weltmeisterschaften, Welt- und Europacuprennen und vieles mehr –, wo Leistungen auf höchstem Niveau erbracht werden. Doch dass aller Anfang schwer ist, mussten auch die Behindertensportler in aller Welt erkennen. Auf die Frage nach dem

„Warum?" solch professioneller Strukturen und Möglichkeiten gibt es viele Antworten: Zum einen haben Behinderte ein Recht darauf, sich im Wettkampf messen zu können. Zum Zweiten bietet ihnen die sportliche Betätigung – wie allen anderen Menschen auch – die Möglichkeit zur Selbstbestätigung. Zum Dritten ersetzt der sportliche Wettkampf in vielen Fällen eine Therapie und kann sowohl persönlich als auch volkswirtschaftlich als Gewinn verbucht werden: Eine Analyse des Bundesministeriums für soziale Sicherheit und Generationen aus dem Jahre 1999 zeigt einen finanziellen Vergleich: Rund 301 Millionen Euro an Kosten durch Sportunfälle stehen ca. 567 Millionen Euro „Nutzen" durch vermiedene Krankheitsfolgen gegenüber. So hilft Sport, Geld zu sparen.

Quelle: http://www.skiteam-alpin.de/content.php?folder=32; 11 .4. 2013

Darüber hinaus bringt der Sport – wie auch bei den Nichtbehinderten – Vorbilder hervor, mit denen sich Betroffene identifizieren, an deren Schicksal sie sich aufrichten und die sie in ihrem Leben weiterbringen können.

Roman Rabl, querschnittgelähmter Schirennläufer, formuliert das so: „Meine Motivation in vielem, was ich tue, bekomme ich vor allem aus der Freude am Schisport und dem, was ich erreichen kann. Dabei helfen mir die Ziele, welche mich an meine Leistungsgrenzen bringen, im täglichen Leben. Daneben spornt mich mein Umfeld – meine Trainer und Betreuer, meine Familie und meine Freunde – zu solchen Leistungen an."

So ist es also müßig zu fragen, warum Behindertensport mit dieser Professionalität betrieben wird. Dass die finanziellen Mittel mit der Leidenschaft und dem Engagement von Trainern und Sportlern noch nicht ganz mithalten können, verdeutlicht folgendes Beispiel: Im Jänner 2013 waren die Autoren des vorliegenden Buches in St. Moritz, um die Athleten und deren Umfeld genauer kennenzulernen. Das Wochenende war ein besonderes Erlebnis; was uns aber – gelinde gesagt – erstaunte, war der Zustand der Mannschaftsbusse. Das AustriaSkiTeam Behindertensport reiste aus Italien an, leider streikten die Transportfahrzeuge ein ums andere Mal, sodass die letzten Reiseetappen mit etwa 30 km/h zurückgelegt werden mussten. Ein Autosponsoring für das Team, das am nächsten Tag zwei Einzelsiege in den Weltcupbewerben einfahren konnte, wäre angesichts dieser Misere ein willkommenes Geschenk. Und wer weiß? Vielleicht unterstützen wir damit die Stars von morgen?

DER ÖBSV, DACHVERBAND FÜR ALLE BEHINDERTEN

DER ÖBSV IST DAS DACH, UNTER DEM SICH ALLE VERBÄNDE ÖSTER-REICHISCHER BEHINDERTENSPORTLER WIEDERFINDEN. ER ÜBERNIMMT MANNIGFALTIGE AUFGABEN UND IST FÜR ORGANISATION UND FINAN-ZIELLE ZUWENDUNGEN AN DIE VEREINE ZUSTÄNDIG.

Im ÖBSV, dem Österreichischen Behindertensportverband, finden alle Verbände der österreichischen Behindertensportler ihre Heimat. Der Sport ist föderalistisch organisiert, wobei der ÖBSV als Schnittstelle der Landesorganisationen dient. Diese Landesverbände koordinieren ihrerseits die Anliegen der Vereine in den jeweiligen Bundesländern und veranstalten unter anderem auch Landesmeisterschaften.

FACHAUSSCHÜSSE UND REFERATE

„Fünf Fachausschüsse (FAUS) koordinieren die Bedürfnisse aus der Sicht der unterschiedlichen Behinderungen: Amputiertensport, Blinden- und Sehbehindertensport, Zerebralparetikersport, Mentalbehindertensport und Rollstuhlsport. Daraus ergeben sich die Abkürzungen FAUS A, B, C, M, R. Der Schwerpunkt in den Aufgaben dieser Fachausschüsse liegt darin, behinderten Menschen Breitensport zu ermöglichen. Dementsprechend breitgefächert ist das Angebot. Derzeit sind 38 unterschiedliche Sportarten für Menschen mit Behinderung im Programm!
Um den Anforderungen im Leistungssport gerecht zu werden, hat der ÖBSV Referate eingeführt. Diese sportartspezifischen Referate unterstützen Sportlerinnen und Sportler aus allen fünf Behindertengruppen – also unabhängig von ihrer Behinderung. Sie bilden das wichtige Verbindungsglied zwischen Behinderten- und Nicht-Behindertensport. Im Augenblick arbeiten die Referate Schi (alpin und nordisch) und Schwimmen eng mit den Fachverbänden des Nicht-Behindertensports zusammen."
Quelle: http://www.skiteam-alpin.de/content.php?folder=32; 11. 4. 2013

BEHINDERTENSCHILAUF

Der Referent des ÖBSV Behindertenschilauf Michael Knaus ist zugleich auch Referent der Sparte Behindertenschilauf im ÖSV, also im Fachverband. Um dem Breitensport die nötigen Ressourcen zu verschaffen und den ihm gebührenden Platz zu geben, stellt sich der ÖBSV in den Dienst dieser Aufgabe.

Für den Spitzensport setzen sich ÖSV und ÖBSV gemeinsam ein. Im Moment funktioniert diese Doppelzuständigkeit gut, soll aber ab 2013 vereint sein. Laut einer statistischen Untersuchung aus dem Jahr 1995 (ÖSTAT 1995) leben in Österreich rund zwei Millionen Menschen mit einer körperlichen Beeinträchtigung. Etwa 1,6 Millionen Menschen davon sind chronisch krank, bei rund 480.000 Menschen ist das Bewegungsvermögen, bei 456.000 das Hörvermögen und bei 407.000 das Sehvermögen beeinträchtigt. Um möglichst vielen dieser Menschen die Möglichkeit einer körperlichen Betätigung zu geben, ist der Behindertensport da: Er sorgt für ein neues Selbstbewusstsein und durch die Integration kommt ihm eine enorme gesellschaftspolitische Bedeutung zu.

WETTKÄMPFE UND MATERIALENTWICKLUNG

Weiters schaffen ÖSV und ÖBSV für Athleten die Möglichkeit, sich bei Veranstaltungen national und international – nationale Meisterschaften, Europacup, Weltcup, Weltmeisterschaften, Paralympics – zu messen. Diese Wettkämpfe sind oft der einzige Augenblick, um die Öffentlichkeit auf die Leistungen und Anliegen der Sportlerinnen und Sportler mit Behinderung aufmerksam zu machen, und bieten daher eine wichtige mediale Plattform. Daneben organisieren die Verbände Wettkämpfe und Trainingskurse für den Leistungs- und Breitensport.

Eine andere, enorm wichtige Aufgabe des Leistungssports ist die Weiterentwicklung von medizinischen Behelfen, um aus diesem vermeintlich kleinen Bereich des Spitzensports möglichst viele Erkenntnisse im Alltag umzusetzen und so das Leben für die Behinderten ein bisschen leichter zu machen. Zudem hat der Verband einen Fonds eingerichtet, der in besonderen Fällen bei der Anschaffung von Sportgeräten hilft.

Zusammenfassend kann also festgehalten werden, dass der Verband eine enorme Fülle von Aufgaben übernimmt, um den Behindertensportlern Strukturen zu bieten, die sie den Sport in der Breite und der Spitze ausüben lassen. Davon profitiert nicht nur der einzelne Sportler, sondern die Gesellschaft als ganze und zwar in mehrfacher Hinsicht: Erstens ist dadurch Behindertenintegration nicht nur eine leere Worthülse, sondern wird auch gelebt, Mauern werden abgebaut und Berührungsängste kleiner. Zum anderen rechnen sich die Aufgaben, wie oben gezeigt, in volkswirtschaftlicher Hinsicht: Körperliche Betätigung, neues Selbstbewusstsein und ein selbstbestimmtes Leben sind allemal wertvoller als Therapien, Folgekosten und Menschen, die an sich verzweifeln. All das müssen wir ins Kalkül ziehen, wenn wir über Behindertensport sprechen. Und deshalb kann sein Wert nicht hoch genug angesetzt werden. Denken wir bei unserer nächsten Unterstützung daran.

BEHINDERTENSPORT, UNDE VENIS?

WENN MAN SICH MIT BEHINDERTENSPORT BESCHÄFTIGT, TAUCHT ZWANGSLÄUFIG AUCH DIE FRAGE AUF, SEIT WANN BEHINDERTENSPORT BETRIEBEN WIRD UND WOHER DIESE BEWEGUNG KOMMT. EIN ZENTRALES EREIGNIS IN DIESER ENTWICKLUNG IST SICHERLICH DER ZWEITE WELTKRIEG.

Um den zahlreichen Kriegsversehrten nach diesem Krieg die Möglichkeit der körperlichen Ertüchtigung zu bieten, wurden so genannte „Versehrtensportvereine" gegründet, die im Winter den Schisport, im Sommer auch Leichtathletik, Schwimmen und diverse Ballspielarten betrieben. Die treibenden Kräfte in dieser Phase waren Amputierte und Blinde. Andere Behinderten- bzw. Versehrtengruppen sollten erst später dazu stoßen. Während die Vereine in den Bundesländern rasch wuchsen, dauerte es auf Bundesebene fast zehn Jahre, bis sich diese Vereine dem im Juni 1958 in Wien gegründeten Österreichischen Versehrtensportverband (ÖVSV) anschlossen. Als Präsidenten dieser Vereine und der Verbände waren Politiker gefragt, um der Sache in der Öffentlichkeit den nötigen Nachdruck zu verleihen. Die Aufgabe des Verbandes waren nicht nur Organisation und Finanzen, sondern auch die Aus- und Weiterbildung geeigneter Lehrwarte. Bald übernahm der ÖVSV auch eine Mittlerfunktion zu ausländischen Verbänden, unterstützte internationale Begegnungen und war aktiv am Aufbau internationaler Behindertensportorganisationen beteiligt. In der Folge wurden auch Betroffene von Arbeits- und anderen Unfällen sowie durch Krankheit Behinderte Mitglieder der Vereine.

DIE SIEBZIGERJAHRE
In den Siebzigerjahren kam eine neue Gruppe zum Verband, die bis dato noch nicht erfasst war, die Geburtsbehinderten, darunter viele Zerebralpapetiker, wobei die Vorreiterrolle anderer Länder – Kanada und Skandinavien – und die ersten Weltspiele für alle Körper- und Sinnesbehinderten in Toronto (1976) diesen Prozess beschleunigten. Obwohl die Größe und damit auch die Aufgaben für den Verband wuchsen, blieb die administrative Infrastruktur in den Kinderschuhen stecken.
Erst das stärkere Engagement der Allgemeinen Unfallversicherungsanstalt (AUVA) bewirkte ein Umdenken, was als Ergebnis 1981 ein Sekretariat in einem Gebäude der AUVA in Wien-Brigittenau zeitigte. Damit hatte der

Verband nun endlich eine Anlaufstelle, die zumindest halbtags besetzt war. Zehn Jahre später wurde daraus die heutige Servicestelle des Verbandes mit einem Generalsekretär.

DIE ACHTZIGER

Die Achtzigerjahre brachten für den Behindertensport enorme Fortschritte: Die Gesellschaft wurde zum einen mehr und mehr für die Belange Behinderter sensibilisiert, zum anderen setzten sich in diesen Jahren Persönlichkeiten des öffentlichen Lebens für den Behindertensport ein. Zeichen dieses Aufschwungs waren die beiden Weltwinterspiele für Behinderte 1984 und 1988 in Innsbruck, die vom ÖVSV ausgerichtet wurden.

Die Spiele in Innsbruck waren die ersten Winterspiele für Behinderte, die unter der Patronanz des IOC stattfanden. Die Bedeutung, die der Versehrten- bzw. Behindertensport mittlerweile erreicht hatte, wirkte auch auf Gruppen, die außerhalb des ÖVSV standen, und brachte eine Integration der mental-behinderten Sportler. Im Jahr 1989 erfolgte eine Namensänderung: Aus dem ÖVSV wurde der ÖBSV (Österreichischer Behindertensportverband). Mit dieser Änderung sollte schon im Verbandsnamen signalisiert werden, dass der ÖBSV die Sportorganisation für alle behinderten Sportlerinnen und Sportler in Österreich sein will.

SEIT 1990

Die Jahre seit 1990 stehen im Zeichen einer zunehmenden Professionalisierung nicht nur des Behindertensports, sondern auch des Verbandes. Zum einen wurde der ÖBSV ordentliches Mitglied bei der Österreichischen Sportorganisation (BSO), zum anderen wurde im Februar 1998 das Österreichische Paralympische Committee (ÖPC) gegründet, welches die Entsendung zu den Paralympics übernimmt.

IM GESPRÄCH MIT ...

PETRA HUBER, GENERALSEKRETÄRIN DES ÖSTERREICHISCHEN PARA-LYMPISCHEN COMMITTEES (ÖPC) UND CHEF DE MISSION SOTSCHI 2014, UND JULIA VOGLMAYR, GAMES MANAGEMENT & EVENTS SOTSCHI 2014

WELCHES SIND DIE WICHTIGS-TEN AUFGABEN DES ÖPC?

Das ÖPC soll den Leistungssport seh- und körperbehinderter Menschen in Hinblick auf die Teilnahme an Paralympics fördern, die Aufbringung finanzieller Mittel für die Entsendung der Sportler, das Interesse und die Aufmerksamkeit der Öffentlichkeit an Paralympischen Spielen in Österreich wecken, die Teilnahme Österreichs an den Paralympics mit Unterstützung des Österreichischen Behindertensportverbandes vorbereiten.

WELCHE ROLLE SPIELT DAS AUSTRIASKITEAM BEHINDERTENSPORT?

Der alpine Schilauf im Behindertensport kann bereits auf eine lange Tradition mit vielen Erfolgen zurückblicken. Das AustriaSkiTeam Behindertensport macht den größten Teil der Delegation zu den kommenden Paralympics „Sotschi 2014" aus und ist eine der professionellst organisierten Sportarten innerhalb des Behindertensports.

WIE WICHTIG IST DIESE EINRICHTUNG?

Das paralympische Motto „Spirit in Motion" steht für die Spitzenleistungen paralympischer Athleten, die nur durch Willensstärke, Motivation und völlige Konzentration auf dieses bedeutendste Ereignis im Behindertensport erbracht werden können. Das drittgrößte Sportereignis der Welt – nach den Olympischen Spielen und dem FIFA World Cup – ist auch das wichtigste für das Österreichische Paralympische Committe und seine Sportler. Die Überwindung der eigenen persönlichen Grenzen ist Motor für jeden Spitzensportler. Das Österreichische Paralympische Committee überwindet Grenzen, indem es an der Gleichstellung des Behindertensports mit dem Nicht-Behindertensport arbeitet. Der Zugang zum Leistungssport muss für alle Spitzensportler gleich sein. Die Teilnahme an den Paralympics ist Herausforderung für jeden Spitzenathleten. Die Herausforderung für das ÖPC ist es, die finanziellen Voraussetzungen für die Entsendung seh- und körperbehinderter Athleten zu den jeweiligen Paralympics zu schaffen und diese Entsendungen zu organisieren. Der größte Erfolg und Höhepunkt der sportlichen Karriere aller Athleten ist ein Medaillengewinn bei Paralympics. Diese Erfolge stehen im Einklang mit den Erfolgen des Österreichischen Paralympischen Committees, denn gemeinsam wird so die Akzeptanz des Behindertensports in der Gesellschaft erhöht.

WELCHE ROLLE NIMMT DER SPITZENSPORT BEI DEN BEHINDERTEN EIN?
Der Spitzensport im Behindertensport entwickelt sich entsprechend der internationalen Tendenz immer weiter. Um als Behindertensportler auch Erfolge bei Paralympics einzufahren zu können, ist es notwendig diese Professionalisierung mitzumachen. Sponsoren sind notwendig, um das Trainingspensum im geforderten Maße leisten zu können. Die Rolle des Spitzensports im Behindertensport hat heute denselben Stellenwert wie im Nicht-Behinderten-Spitzensport.

WELCHE ANDEREN ERFOLGE SIND FÜR SIE BESONDERS WICHTIG?
Oberste Priorität für das Österreichische Paralympische Committee ist es, den Sportlern bei Paralympics ein optimales Umfeld zu bieten sowie die Gleichbehandlung des Behindertensports mit dem Nicht-Behindertensport zu erreichen. Meilensteine waren z. B. die Vereidigung des Teams vor den Spielen durch den Bundespräsidenten, die gleiche Einkleidung wie für die olympischen Sportler, das Österreich-Haus als Kommunikationsplattform und Ort der (Medaillen-)Feiern und eine tägliche Berichterstattung im ORF.

WOHIN FÜHRT DER WEG IM BEHINDERTENSPORT?
Der Behinderten-Spitzensport wird sich immer weiter hin zur Professionalisierung entwickeln. Der Behinderten-Breitensport ist der wichtigste Einstieg z. B. von der Rehabilitation, durch die auch soziale Kontakte und Erfolgserlebnisse gefördert werden, zum Sport zu kommen und Freude an ihm zu haben. Ob eine Karriere im Spitzensport möglich ist, hängt von vielen Faktoren ab. Ziel des Spitzensports sind Höchstleistungen, im besten Fall eine Teilnahme an den Paralympics.

BEHINDERTENSCHILAUF GESTERN, HEUTE, MORGEN

DER SCHILAUF ALS FORTBEWEGUNG MIT ZWEI HOLZLATTEN EXISTIERT SCHON EINE LANGE ZEIT, WIE UNS ANTIKE FELSZEICHNUNGEN VON MENSCHEN MIT SCHIERN IN NORWEGEN UND RUSSLAND BEWEISEN. SCHIFAHREN ALS SPORT WURDE ABER ERST MITTE DES 19. JAHRHUN-DERTS IN DEN SKANDINAVISCHEN LÄNDERN, VOR ALLEM IN NORWE-GEN, ENTWICKELT UND AB 1870 VERBREITETE SICH DER SCHILAUF AUCH BEI UNS IN DEN ALPEN.

Nach dem Zweiten Weltkrieg gab es in Österreich viele Kriegsversehrte, die vor ihrer Verletzung gute Schifahrer waren. Was also lag näher als eine Methode zu entwickeln, wie sie auch weiterhin ihrem Sport nachgehen konnten, um so wieder ein Stück Alltag in ihr Leben zu bringen. Oberschenkelamputierte versuchten es beispielsweise mit drei Schiern: einem normalen Schi am verbliebenen Bein und zwei Kurzschiern auf Krücken. Das war die Geburtsstunde der Schikrücken und des modernen Behindertenschilaufs.

DIE ANFÄNGE

Deshalb gründete der ÖSV ein Referat für Behindertenschilauf – das Versehrtensportreferat – das die Aktivitäten der potenziellen Sportler unterstützen sollte. 1958 wurde in Wien der Österreichische Versehrtensportverband (ÖVSV) gegründet, in dessen Obhut das Schireferat dann überging. Trotzdem stellten die beiden Verbände – der ÖSV und der ÖVSV – den Schiläufern weiterhin Mittel und Strukturen zur Verfügung, sodass eine Doppelgleisigkeit in punkto Zuständigkeit entstand, die bis heute andauert und vor allem den Spitzensport im Behindertenschilauf betrifft.

Die seit 1948 veranstalteten Kurse für Behindertenschifahrer, zu denen sich auch bald die Opfer von Arbeits- und Zivilunfällen sowie krankheitsbedingte Behinderte gesellten, wurden abwechselnd vom ÖSV und vom ÖVSV durchgeführt. Eine große Gruppe war die der blinden und sehbehinderten Schiläufer, die mit Unterstützung erfahrener Begleitschifahrer die Hänge bezwangen und Rennen fuhren. Bis zu Beginn der Siebzigerjahre waren Amputierte und Sehbehinderte die einzigen, welche trotz ihrer Behinderungen den Schilauf ausübten.

Erst die Einführung des Monoschis brachte den Durchbruch auch für Rollstuhlfahrer. Diese Schibobs bestehen aus einer gefederten Kevlar-Sitzschale, welche auf einem gewöhnlichen Schi mit Bindung montiert ist. Der Behinderte kann auf dem Monoschi mit zwei kurzen Schikrücken und mittels Gleichgewichtsverlagerung die Hänge hinunterbrausen, Könner carven mit ihrem „Monogerät" auch auf Tiefschneehängen mit eleganten Schwüngen dahin.

DIE WETTKÄMPFE

In den vergangenen Jahren hat der Behindertenschilauf eine enorme Entwicklung erfahren. Die Wettbewerbe werden zusehends professioneller, wichtige Bewerbe wie die Paralympics, Weltmeisterschaften, Weltcup- und Europacupserien werden auf denselben Hängen ausgetragen wie die der nichtbehinderten Kollegen. Die Wirtschaft entdeckt die Behindertensportler und ihre Rolle als Testimonials für ihre Produkte und ist bereit, sie finanziell zu unterstützen, um im Gegenzug mit ihrem Konterfei werben zu dürfen. Grundlage für diese Entwicklung sind die immer besser werdenden Leistungen der Sportler, die auf ein zunehmend professionelles Umfeld bauen können. So ist der Traum vom Profisportler heute bereits für einige der Athleten Realität. Man denke hier an den Zollkader, der immerhin sechs Behindertenschiläufer und Trainer beherbergt.

Doch dass eine solche Entwicklung lange Aufbauarbeit voraussetzt, ist klar. Deshalb sei an dieser Stelle ein kleiner Rückblick erlaubt:

1948 wurden die ersten dokumentierten Behindertenmeisterschaften im österreichischen Bad Gastein ausgetragen, an welchen 17 behinderte Sportler teilnahmen. Im gleichen Jahr organisierte der englische Neurologe Sir Ludwig Guttmann parallel zu den Olympischen Sommerspielen in England die Stoke Mandeville Rollstuhlspiele und legte damit den Grundstein für die Paralympics, das Pendant zu den Olympischen Spielen. Seit 1950 wird der Behindertenschirennsport weltweit betrieben. Die ersten offiziellen Paralympischen Sommerspiele wurden 1960 in Rom ausgetragen.

PARALYMPICS

Erst 16 Jahre später, 1976, fanden die ersten Paralympischen Winterspiele in Örnsködsvik in Schweden statt. Verschiedene Behindertenorganisationen gründeten 1982 das International Coordinating Committee (ICC), welches die bereits existierenden Paralympischen Spiele von da an koordinierte. Ein weiterer Meilenstein im Behindertensport war die Gründung des Internationalen Paralympic Komitees (IPC) am 21. September 1989 in Düsseldorf. Die Paralympischen Winterspiele werden seit 1992 in Albertville am gleichen Ort wie die Olympischen Spiele ausgetragen. Sie finden jeweils im Anschluss an die Olympischen Sommer- oder Winterspiele statt. Bei den VI. Paralympics 1994 in Lillehammer wohnten die Behinderten zum ersten Mal im olympischen Dorf und konnten vom gleichen Angebot wie die Olympiateilnehmer profitieren. Die Teilnehmerzahlen an den Paralympischen Winterspielen sind seit 1976 von 350 Athletinnen und Athleten aus 18 Ländern auf 1200 Teilnehmer aus 32 Ländern in Nagano stetig angestiegen. Einen einmaligen Höhepunkt fanden die Paralympics in Sydney. Bei diesen Paralympischen Sommerspielen nahmen über 4200 Athletinnen und Athleten aus 134 Ländern teil, welche somit weltweit zu den größten Sportveranstaltungen zählten.

KLASSENSYSTEM UND KREK

Doch zurück zum Behindertenschilauf. Bis in die späten 80er-Jahre gab es außer den Großveranstaltungen nur wenige Möglichkeiten für Behindertenschiläufer, sich im Rennen zu messen. Aus diesem Grund riefen die führenden Nationen verschiedene Rennserien ins Leben: 1991 den Alpencup, 1993 den Europacup und 1996, als die Amerikaner ins Boot geholt wurden, den Weltcup.

Dazu kam die Entwicklung des Klassen- und des KREK-Systems, das die Leistungen der Sportler – zumindest derselben Klasse – vergleichbar machen sollte. War es bis vor Turin so, dass bei Großereignissen eine Unzahl an Gewinnern in den verschiedenen Klassen das zu ehrende Feld fast unüberschaubar machte, so gab es in Vancouver nur mehr eine Handvoll Sieger.

„Das RHC-KREK-System (Realistic Handicap Competition und Kreative Renn Ergebnis Kontrolle) oder kurz Handicap System genannt, ist ein Faktorsystem, welches das Ziel verfolgt, verschiedene Behinderungsklassen in den Kategorien Blind, Stehend oder Sitzend möglichst gerecht zu werten und einen Sieger in jeder Kategorie zu ermitteln. Damit kann trotz differenzierten Behinderungsarten ein Wettkampf innerhalb einer Kategorie stattfinden. Das Handicap System wurde im Jahre 1990/91 im damals neugegründeten Alpencupkomitee aus den zwei bereits existierenden Systemen zusammengeführt und weiterentwickelt. Dadurch wurde das Ziel erreicht, möglichst überschaubare und zugleich sportlich faire Ergebnisse und Rangierungen zu erhalten. Das Handicap System hat bis heute weltweite Anerkennung gefunden."
Quelle: http://www.skiteam-alpin.de/content.php?folder=32; 11 .4. 2013

„Hundertprozentig fair ist ein solches System nie", gibt Michael Knaus, seit 2009 Referent des ÖBSV und des ÖSV Behindertenschilauf und Mitentwickler des Systems, unumwunden zu, „doch eines kann es auch nicht geben: wenn bei offiziellen Ehrungen neben vier oder fünf Olympiasiegern der Nichtbehinderten 20 oder 25 Sieger der Paralympics stehen. Das wäre inflationär. Dazu kommt das sinkende Interesse von Sponsoren, die nur die wirklich Besten unterstützen wollen."

ÖSV UND ÖBSV

2010 erfolgt ein für den österreichischen Behindertenschilauf weiterer wichtiger Schritt: Im Zuge der Umstrukturierung des ÖSV erhält auch Michael Knaus eine Einladung zur Sitzung des ÖSV für den Bereich Hochleistungssport, was ihn überrascht. Bei diesem Treffen erfährt er von der geplanten Eingliederung der Spitzensportler des ÖBSV Behindertenschilauf in den Bereich Hochleistungssport des ÖSV. Sein Team sollte zukünftig eine Sparte im ÖSV sein und damit auch von den Strukturen, dem Know-how und dem Netzwerk des Verbandes profitieren. Die ersten sichtbaren Erfolge: Das AustriaSkiTeam Behindertensport war in der Medaillenbilanz bei der WM in La Molina 2013 die klare Nummer eins, auch ein treuer Sponsor – IGLO – bekundete sein Interesse und seine Bereitschaft, mit den Behindertensportlern weiterhin zusammenzuarbeiten. Diese Kooperation besteht bis heute.

Für die nächsten Jahre verfolgt Referent Michael Knaus zwei Ziele: Das ist zum einen eine Strukturbereinigung: Um den administrativen und personellen Aufwand noch mehr zu minimieren bzw. zu optimieren, strebt er eine komplette Integration des Teams der Behindertenschiläufer in den ÖSV an. Bisher waren die Spitzensportler sowohl dem ÖSV als auch dem ÖBSV unterstellt. Wären irgendwelche (Personal)Entscheidungen innerhalb des Teams für einen der Verbände problematisch, so könnte das zu Reibungsverlusten führen, so Knaus. Im Sinne einer kontinuierlichen und erfolgreichen Weiterführung des eingeschlagenen Weges sei es wohl besser, nur einem Verband Rechenschaft abzulegen.

Ein weiteres Ziel sind die Paralympics 2014 in Sotschi. Nach der erfolgreichen WM 2013 in La Molina mit acht Gold-, einer Silber- und drei Bronzemedaillen warnt Knaus aber vor zu viel Euphorie. „Diese WM war ein Highlight", erklärt er, „doch jetzt sind wir die Gejagten: Jeder möchte uns besiegen. Deshalb werden auch die anderen Nationen verstärkt Anstrengungen unternehmen, um dieses Ziel zu erreichen."

NICHT ALLES GOLD, WAS GLÄNZT

Ein Problem in der Entwicklung des Spitzensports im Behindertenschilauf sieht Michael Knaus in der Freigabe der Kostenobergrenze durch das IPC für die Sportler pro Rennen, die in der Saison 2012/13 erfolgt ist. „Damit wird eine Saison immer schwerer planbar, zudem nehmen die Kosten Dimensionen an, die für uns nicht mehr tragbar sind." Und verweist auf den Plan, ab 2013/14 Weltcuprennen im Sommer in Neuseeland und Australien zu veranstalten. „Damit ergeben sich zwei Probleme: Zum einen ist natürlich die finanzielle Frage zu diskutieren. Wir werden diese Rennen nicht beschicken können. So werden wir nächstes Jahr vermutlich auch nicht um den Gesamtweltcup mitfahren können. Das ist Fakt." Als zweites großes Problem sieht Knaus die Belastbarkeit seiner Sportler,

MEDAILLENSPIEGEL WINTER-PARALYMPICS

	Gold	Silber	Bronze	Gesamt	Med.ranking
1976	5	16	14	35	6.
1980	6	10	6	22	3.
1984	34	19	17	70	1.
1988	20	10	14	44	2.
1992	8	3	9	20	4.
1994	7	16	12	35	6.
1998	7	16	11	34	8.
2002	9	10	10	29	4.
2006	3	4	7	14	7.
2010	3	4	4	11	7.

Anmerkung: 2006 – Einführung Handicapsystem (3 Klassen: Stehend, Sitzend, Sehbehindert)

Quelle: nach http://en.wikipedia.org/wiki/Austria_at_the_Paralympics; 11.4.2013

„die nicht über mehrere Monate für mehr als zwei Höhepunkte unter Spannung gehalten werden können". Deshalb geht er mit seinem Trainer- und Betreuerteam den eingeschlagenen Weg weiter: Im Sommer 2013 wird es in Chile die Vorbereitung geben, gefolgt von speziellen Kaderkursen. Dann folgt die erste Rennphase im Dezember und Jänner, um im Februar in weiteren Trainingskursen die Feinjustierung der Sportler vorzunehmen. Im zweiten Rennblock werden dann diese Nachjustierungen geprüft, um vor den Paralympics noch die Detailarbeit vorzunehmen. Im März 2014 in Sotschi sollte dann der Spannungshöhepunkt erreicht sein. „Würden wir die Überseerennen bestreiten, müssten wir einen völlig neuen Trainingsrhythmus erarbeiten. Und was das Geld betrifft: Dieses Abenteuer würde uns über 60.000 Euro kosten – das ist ein großer Teil unseres Budgets", erklärt Knaus.

Die Gesamtentwicklung berge natürlich eine weitere Gefahr: Durch die zunehmende Konzentration auf eine – auch finanzielle – Spitze werde es immer schwerer, auf eine große Breite zurückzugreifen. Wo früher viele Läufer Rennen fuhren, ist heute ein Team von Spezialisten unterwegs. Natürlich sei es wichtig, sich auf den Erfolg zu fokussieren, die Ressourcen zielbringend einzusetzen, die Ergebnisse und die Entwicklung im Spitzensport zeigten dies ja. Doch im Zuge dieser Entwicklung fordert Knaus Augenmaß. Woher diese Tendenz komme? Knaus sieht hier Versäumnisse im IPC, das durch die Freigabe der Kosten und durch das Punktesystem, das die Teilnahme der Sportler an den Rennen regelt, einen falschen Weg eingeschlagen habe. „Waren es früher über 140 Starter, die wir bei unseren Rennen begrüßen durften, so sind es heute nur mehr etwa 70. Natürlich spielen hier noch andere Faktoren eine Rolle, doch man muss diese Zahlen im Auge behalten", belegt Knaus seine Aussagen. Es gebe aber auch andere Tendenzen, die ihn zuversichtlich stimmen: Da ist zum einen die Integration der verschiedenen Sportarten in die Fachverbände, zum anderen die zunehmende Professionalisierung des Behindertensports und damit eine gesteigerte Wahrnehmung in der Öffentlichkeit. „Es gibt eben keine Vorteile, die nicht auch gewisse Nachteile beinhalten", meint Knaus abschließend. Wie wahr.

PARALYMPISCHE WINTERSPIELE

1976 – Örnsköldsvik, Schweden
1980 – Geilo, Norwegen
1984 – Innsbruck, Österreich
1988 – Innsbruck, Österreich
1992 – Tignes/Albertville, Frankreich
1994 – Lillehammer, Norwegen
1998 – Nagano, Japan
2002 – Salt Lake City, USA
2006 – Turin, ITA
2010 – Vancouver, CAN
2014 – Sotschi, RUS
2018 – Pyeongchang, Südkorea

ALPINE BEHINDERTEN-WELTMEISTERSCHAFTEN

1982 – Les Diablerets, Schweiz
1986 – Fsällen, Schweden
1990 – Winterpark, USA
1996 – Lech, Österreich
2000 – Crans Montana/Anzere, Schweiz
2004 – Wildschönau, Österreich
2009 – Kangwonland, Korea
2011 – Sestriere, Italien
2013 – La Molina, Spanien
2015 – Panorama, Kanada

Quelle: www.austria-skiteam.at/index.php?menuid=35#Bedeutung

DIE WETTKAMPF-DISZIPLINEN

ALLE WETTKÄMPFE DER BEHINDERTEN-SCHIFAHRER WERDEN PRINZI-PIELL NACH DEN FIS-REGLEMENTS AUSGETRAGEN, MIT GEWISSEN AB-WEICHUNGEN ODER ERWEITERTEN ANFORDERUNGEN AN DIE PISTEN.

Während die Rennen im Slalom, Riesenslalom und Super-G an jedem geeigneten Hang durchgeführt werden können, sind die technischen Anforderungen an die Abfahrtspisten unterschiedlicher als bei herkömmlichen Abfahrtsstrecken. So sollten zum Beispiel keine größeren Sprünge, Wellen oder Mulden auftreten.

Im Behindertenschilauf werden alpine, nordische und Snowboard-Bewerbe ausgetragen. Die Richtlinie für die Austragung geben das Regulativ der FIS und des IPC auf der einen Seite und die Klassifizierung der Sportler auf der anderen Seite vor.

ALPINER SCHILAUF

– Abfahrt (DH)
– Super-G (SG)
– Riesenslalom (GS)
– Slalom (SL)
– Super-Kombi (SC)
– Team-Bewerb (WM)

Das große Starterfeld und die individuellen Handicaps der Sportler veranlassten die Veranstalter, die Behinderten in ein Klassifizierungssystem einzuteilen. Um bereits während der Rennen das interessierte Publikum bestmöglich zu informieren und die Wettkämpfe für jedermann nachvollziehbar zu gestalten, wurden die Klassen in drei Kategorien zusammengefasst, die Zeitnehmung erfolgt nach dem KREK-System:

– blinde und sehbehinderte Schiläufer   Zeitfaktor X
– sitzende Schiläufer   Zeitfaktor Y
– stehende Schiläufer   Zeitfaktor Z

Damit keine der Klassen benachteiligt wird, werden die realen Zeiten mit einem Faktor berechnet, um so zu einer vergleichbaren Zeit zu kommen. Die Klassifizierung ist von einer ärztlichen Diagnose und vom biomechanischen Anspruch der Sportart abhängig und wird vom IPC einheitlich durchgeführt.

SEHBEHINDERUNG

KLASSE B 1

Vollblind: keine Lichtempfindung in beiden Augen bis zur Lichtempfindung, aber unfähig eine Handbewegung in irgendeiner Entfernung oder Richtung wahrzunehmen

KLASSE B 2

Schwerst sehbehindert: von der Fähigkeit, die Handbewegungen wahrzunehmen, bis zu einem Sehrest von 2/60 und einer Gesichtsfeldeinschränkung von weniger als 5 Grad (sämtliche Einteilungen erfolgen am besseren Auge und bei bestmöglicher Korrektur)

KLASSE B 3

Sehbehindert: von der Sehschärfe von 2/60 bis zu 6/60 und/oder einer Gesichtsfeldeinschränkung von 5 bis 20 Grad (sämtliche Einteilungen erfolgen am besseren Auge und bei bestmöglicher Korrektur)

STEHEND

KLASSE LW 1

Doppelbeinamputiert: Läufer mit Behinderung an beiden Beinen, welche mit zwei Schiern und zwei Stöcken oder zwei Krückenschiern fahren:

a) Doppel-Oberschenkelamputierte
b) Ober- und Unterschenkelamputierte
c) Behinderung an beiden Beinen mit einer Muskelkraftverminderung von mindestens 45 Punkten
d) CP 5 diplegische Bewegungsstörung an beiden Beinen
e) CP 6 athetotische oder ataktische Bewegungsstörung an allen vier Gliedmaßen

KLASSE LW 2

Krückenschiläufer:

a) Läufer mit Behinderung an einem Bein mit Krückenschi oder Stöcken (mit einem Schi)
b) Einseitig Amputierte mit Krückenschi oder Stöcken (mit einem Schi)

KLASSE LW 3

Läufer mit Behinderung an beiden Beinen, jedoch nicht so schwer wie LW 1, welche mit zwei Schiern und zwei Stöcken oder zwei Krückenschiern fahren

LW 3/1
a) Doppel-Unterschenkelamputierte
b) Behinderung an beiden Beinen mit einer Muskelkraftverminderung von 20 bis 44 Punkte (inkomplette Querschnittlähmung)

LW 3/2
a) CP 5 diplegische Bewegungsstörung an beiden Beinen (mit Stöcken oder Krückenschi)
b) CP 6 Athetose oder Ataxie mit Behinderung an beiden Beinen

KLASSE LW 4

Prothesenschiläufer: Läufer mit Behinderung an einem Bein, die mit zwei Schiern und zwei Stöcken fahren:

a) Einseitig Unterschenkelamputierte
b) Polio in einem Bein mit einer Muskelkraftverminderung bis 20 Punkte
c) Vorfußamputierte
d) Behinderung mit Stützapparat (einseitig)
e) Einseitig Oberschenkelamputierte mit Prothese
f) Einseitig Kniegelenksteil- und Kniegelenkstotalversteifte

KLASSE LW 5/7

Läufer ohne Stöcke: Läufer mit Behinderung an beiden Armen, auf zwei Schiern, aber ohne Stöcke:

a) Lähmung oder Missbildung an beiden Armen
b) Doppelhandamputierte/Armamputierte

KLASSE LW 6/8

Einstockfahrer: Läufer mit Behinderung eines Armes, die auf zwei Schiern und mit einem Stock fahren:

a) Einseitig Armamputierte
b) Lähmung oder angeborene Missbildung eines Armes
c) Einseitig Handamputierte
d) CP 8 Monoplegie eines Armes

KLASSE LW 9

Arm- und Beinbehinderte:

LW 9/1: (niedere Leistungsklasse) Läufer mit Behinderung an einem Bein und einem Arm, welche mit Ausrüstung freier Wahl fahren:
a) Behinderung in der Diagonale
b) Behinderung auf der gleichen Seite
c) CP 7 schwere Hemiplegiker mit Behinderung an einem Bein und einem Arm, diagonal oder auf der gleichen Seite
d) Arm- und Beinbehinderte

LW 9/2: (hohe Leistungsklasse) Läufer mit Behinderung an einem Bein und einem Arm, welche mit Ausrüstung freier Wahl fahren:
a) Behinderung in der Diagonale
b) Behinderung auf der gleichen Seite
c) CP 7 leichte Hemiplegiker mit Behinderung an einem Bein und einem Arm, diagonal oder auf der gleichen Seite
d) CP 8 minimale Beeinträchtigung an Armen und Beinen

SITZEND

KLASSE LW 10
Monoschiläufer (nach funktioneller Klassifizierung)
a) Hohe Querschnittlähmung
b) Zerebralparese mit Arm- und Beinbehinderung

KLASSE LW 11
Monoschiläufer (nach funktioneller Klassifizierung)
a) Niedere Querschnittlähmung
b) Zerebralparese mit Beinbehinderung

KLASSE LW 12
Monoschiläufer (nach funktioneller Klassifizierung)
a) Monoschiläufer LW 12/1: Inkomplett-Querschnittgelähmte
b) Monoschiläufer LW 12/2: Doppel-Oberschenkelamputierte

Quellen: Positionspapier ÖBSV; www.austria-skiteam.at/index.php?menuid=35#
Bedeutung; 11. 4. 2013

DER SPORTKADER FINANZ – BEHINDERTENSPORT

SEIT 2008 WIRD SEITENS DES BUNDESMINISTERIUMS FÜR FINANZEN (BMF) BEHINDERTENSPORTLERN DER ZUGANG IN DEN SPORTKADER ERMÖGLICHT. DADURCH KÖNNEN SICH AUCH BEHINDERTENSPORTLER PROFESSIONELL IHREM SPORT WIDMEN.

Entstanden ist dieses Modell aufgrund der Bemühungen von ÖSV-Präsident Peter Schröcksnadel und Sportdirektor Hans Pum. Schröcksnadel regte in der Politik ein Modell an, das es den Behindertensportlern ermöglichen sollte, ihre Sportart zunehmend professionell zu betreiben. 2008 war es soweit: Michael Knaus, Referent des ÖBSV Behindertenschilauf und des ÖSV Behindertenschilauf, schloss mit dem BMF eine Vereinbarung, die einigen Behindertensportlern die Aufnahme in den Wintersportkader Zoll ermöglichte. In Sechsjahresverträgen haben die Sportler nun die Möglichkeit, bei fünfmonatiger Freistellung ihrem Sport nachzugehen. In der Folge konnte durch die Anstellung der beiden Trainer Manuel Hujara und Daniela Mandler auch das Umfeld für das Team entscheidend verbessert werden: Heute bleibt den Betreuern und Trainern mehr Zeit für individuelle Betreuung der Sportler, sogar ein Urlaub über den Sommer geht sich aus.

Für Michael Knaus, Mitverhandler dieser Vereinbarung, war diese Möglichkeit ein Quantensprung in der Entwicklung des Behindertenschisports in Österreich. „In keinem anderen Verband gibt es eine vergleichbare Regelung für Sportler", erzählt er nicht ohne Stolz.

Dabei wird vor allem im Bereich des Arbeitsplatzes auf die behinderungsspezifischen Bedürfnisse der Sportler eingegangen. In der Saison 2012/13 gehörten vier Kadersportler und zwei Kadertrainer dem Sportkader Finanz – Behindertensport an:

– PRETTNER Christoph	Sehbehindert B2	Zollamt Innsbruck
– DORN Dietmar	Sitzend LW11	Zollamt Feldkirch/Wolfurt
– GROCHAR Thomas	Stehend LW 2	Zollamt Klagenfurt
– RABL Roman	Sitzend LW 12	Zollamt Innsbruck
– HUJARA Manuel	Kadertrainer	Zollamt Innsbruck
– MANDLER Daniela	Kadertrainerin	Zollamt Innsbruck

Einer der Sportler, Roman Rabl, sagt über seine Zugehörigkeit zum Sportkader Finanz: „Ich danke meinem Arbeitgeber, dem Bundesministerium für
Finanzen, für die großartige Unterstützung, ohne die ich meinen Sport auf
diesem Niveau gar nicht ausüben könnte."

Manuel Hujara und Daniela Mandler gehören als Trainer ebenfalls dem Sportkader Finanz an. Mandler war in jungen Jahren selbst Schirennläuferin und
blieb ihrer Sportart treu. Nach zahlreichen FIS-Rennen und der Schihandels-
schule Schladming musste sie ihre Karriere verletzungsbedingt beenden. In
den folgenden Jahren arbeitete sie als Schilehrerin und Trainerin im Bundes-
sport- und Freizeitzentrum Kitzsteinhorn und absolvierte die staatliche Schi-
lehrerausbildung.

„Nach sieben Jahren als Schilehrerin wollte ich als Trainerin zum Rennsport
zurück, und machte den C-Trainer Alpin. Dort lernte ich Manuel (Hujara)
kennen, der mich zum Behindertensport brachte. Seit der Saison 2009/10
bin ich nun Mitglied in diesem Team. Trotz viel Erfahrung war es am Anfang
ziemlich schwierig für mich, da ich zum ersten Mal einen Monoschifahrer sah.
Die Unsicherheit legte sich schnell, da mir unsere Sportler mit ihrem Können
und Wissen sehr weitergeholfen haben."

Ohne Unterstützung des BMF wäre es ihr nicht möglich gewesen, die nötige
Zeit für den immer zeitaufwändiger werdenden Sport aufzubringen. Dank der
Zusammenarbeit mit dem BMF und der Aufnahme eines zusätzlichen Kader-
trainers im Rahmen des Sportkaders Finanz – Behindertensport wurde diese
Möglichkeit geschaffen.

BESONDERER DANK GEBÜHRT
FOLGENDEN SPONSOREN

Österreichisches
Paralympisches
Committee